Génération SILVER

SANS TABOUS NI LIMITES

Éditions Kiwi
5, rue de Charonne, 75011 Paris

Directeur éditorial : Édouard Frison-Roche
Responsable éditoriale : Katia Kaloun
Édition : Katia Kaloun, assistée de Lucie Bernamont
Direction artistique et mise en pages : Charlotte Thomas

Crédits photographiques : © Magdalena Ławniczak pour la couverture,
© Emma Burlet, p. 8 et 46, © Lilieyes Photographie pour
© Maison Louve (maisonlouve.fr), p. 19 et 85, © Frédéric Vignale, p. 20,
© Clélia Rochat, p. 48, © Soraya Rams, p. 74 et 90,
© Elena Kolobanova, p. 108, © Ema Martins, p. 107,
© Caroline Ida Ours pour toutes les autres photographies.

ISBN : 978-2-37883-121-9

Caroline Ida

Génération SILVER

SANS TABOUS NI LIMITES

KiWi

Sommaire

9 **Chapitre 1** *Un tournant dans ma vie*

21 **Chapitre 2** *Reconnectez-vous à votre image*

47 **Chapitre 3** *Apprenez à aimer votre corps*

75 **Chapitre 4** *La mode, la mode, la mode !*

91 **Chapitre 5** *Où sont les femmes de plus de 50 ans ?*

109 **Chapitre 6** *L'amour après 50 ans et la ménopause*

131 **Conclusion**

135 **Remerciements**

Intro duc tion

Vous partager un peu de moi et peut-être vous révéler à vous-même à travers des mots simples, des images de la vie, mon expérience, mes envies, mes goûts, mes convictions, ma mission et plein d'autres choses, voilà mon intention à travers ce livre. J'ai envie de vous inspirer !

Mais, avant tout, je vais vous dévoiler mon parcours de femme, celui d'une femme de 60 ans, une sexygénaire. Oui, c'est ainsi que j'ai décidé de nous nommer ! Le mot « sexagénaire » est complètement dépassé, et même ringard pour nous décrire. Au contraire, il suffit de changer une lettre et, tout de suite, on a envie de nous découvrir. Et, bien sûr, ce sexygénaire s'applique à toutes les « génaires », peu importe votre âge.

Chapitre 1

© Emma Burlet

Un tournant dans ma vie

On ne naît pas femme, on le devient.

Simone de Beauvoir

Avant de devenir la femme que je suis aujourd'hui, j'ai traversé différentes étapes, comme chacune d'entre nous. Le temps qui passe, la vie et ses aléas, ses hauts et ses bas, la joie, l'amour, les peines, les rebondissements, les surprises et les découvertes…

Mes cinquante premières années, puis un déclic

À 20 ans, en 1980, les fameuses années 1980, je n'ai pas envie de faire des études. Alors, après un court séjour à la fac, je ne résiste pas et je m'envole vivre deux mois à Los Angeles ! Je vais prendre quelques cours d'anglais à UCLA mais, surtout, je m'éclate en roller sur les plages de Malibu. Vive l'insouciance de la vingtaine, cette liberté que j'entrevoyais déjà et qui reste ancrée dans ma mémoire ! Je pense que cette période de ma vie a forgé mon amour pour l'été et le sable chaud, et mon envie de liberté, sans laquelle je n'aurais probablement pas eu le déclic de ma vie il y a maintenant trois ans.

Entre-temps, mon père crée une petite entreprise et me propose de le rejoindre : me voilà embarquée dans cette nouvelle aventure de la vraie vie ! Et pourtant, j'avais juré quelques mois auparavant que jamais je ne travaillerais en famille… Il paraît qu'il n'y a que les cons qui ne changent pas d'avis.

Cette aventure dure quelque vingt-cinq années qui vont me transformer, me modeler, me bousculer, me faire grandir. Les tumultes de l'entreprise familiale me rendent plus forte, je me forge une carapace qui me permet d'avancer, cahin-caha, mais toujours un pied devant l'autre.

Une rencontre plus tard, un mariage avec l'un de mes deux premiers amours, et je deviens mère de deux magnifiques enfants. Et puis, sept ans plus tard – eh oui, le fameux cap des sept ans –, nous nous séparons. Ce divorce, qui me laisse prendre en main non seulement ma vie professionnelle mais aussi ma vie de maman solo, est ma décision. J'ai 34 ans et je me retrouve seule avec un petit bonhomme de 5 ans et une princesse d'un an. Mais c'est mon choix, et je l'assume ! J'ai quelques angoisses, mais une situation vivable et confortable.

Je déménage dans un petit appartement et ma vie dans le salon commence. Eh oui, une maman solo s'installe souvent dans le salon, car il n'y a qu'une chambre que l'on réserve à ses chérubins adorés, bien sûr ! Je me transforme en véritable mère-louve et je ne laisse personne approcher ma progéniture ni intégrer notre nid douillet pendant les dix années qui suivent.

Puis les années passent, j'ai 45 ans, je n'ai pas réellement refait ma vie, même si j'ai eu quelques amourettes plus ou moins réussies et des amants de passage, car mon corps a besoin d'exulter – je reste femme jusqu'au bout des ongles ! À ce moment-là, une rencontre amoureuse m'aide à couper le cordon familial, car j'ai décidé de m'émanciper… enfin !

Je quitte l'entreprise familiale pour voguer vers d'autres aventures de la vie, car la vie est belle ! Il était temps, me direz-vous, mais mieux vaut tard… qu'après. Je reste optimiste et pleine d'énergie. Mais comment redémarrer dans la vie à 45 ans, avec vingt-cinq ans dans l'entreprise familiale derrière soi, et un futur complètement vierge et incertain ?

Eh bien, on repart à zéro ! Je me retrouve assistante commerciale dans une boîte dans laquelle ma boss, à peine 30 ans, se permet de me donner des leçons de vie. Ça me rend folle, mais je sais que cela ne va pas durer longtemps, et je prends mon mal en patience, même si cette vertu n'est pas l'une de mes qualités. Nous sommes en 2005, le seul avantage que représente ce travail est qu'il se trouve juste à côté de chez moi. Je peux m'occuper de mes enfants : même s'ils ont grandi, ils ont toujours besoin d'une mère attentionnée et présente, car leur père ne l'est pas réellement.

Par hasard ou par chance – je ne crois pas trop au hasard, mais plutôt aux rencontres, comme le dit plus joliment Paul Éluard –, un chasseur de têtes vient me chercher, et je passe les sept années suivantes à travailler pour un créateur de sacs à main. Un peu de commercial avec l'Italie, beaucoup de travail sur mon ordinateur, quelques allers-retours à Milan et à Rome et une ambiance de nouveau assez familiale, je me sens plus ou moins à ma place. J'ai intégré un milieu qui me ressemble un peu plus, même si j'ai la vague sensation de revenir légèrement en arrière, car mon patron ressemble étrangement à mon père dans son fonctionnement. Heureusement, ce n'est pas mon père et, à 56 ans maintenant, j'ai les yeux bien ouverts et les pieds bien ancrés dans le sol !

Carpe Diem !

Et puis, patatras, violence inattendue de la vie… Une nuit, je me réveille, ma fille vient de partir travailler, il doit être 5 h 30 du matin, je vais aux toilettes et, soudainement, je sens une énorme douleur dans ma poitrine, comme un coup de poignard. Je m'écroule dans le couloir, me cogne la tête contre le mur et perds connaissance.

Je ne sais pas comment ni pourquoi, mais il paraît que, parfois, on a un instinct de survie. En rouvrant les yeux, j'arrive à ramper jusqu'à mon téléphone, j'appelle ma fille qui répond immédiatement et qui comprend qu'il y a urgence. Elle a le réflexe salvateur d'appeler les pompiers et elle me sauve. Les quelques mois qui suivent sont des mois compliqués. Il me faut me relever.

Mais je n'ai pas envie de faire pleurer dans les chaumières ou que vous vous apitoyiez sur moi. Je vais bien ! Simplement, cet événement a marqué un renouveau pour moi. En survivant à ça, ma vision de la vie a changé et évolué. Chaque jour qui passe est pour moi à prendre et à vivre de façon intense. J'ai toujours eu cette philosophie : croquer la vie, vivre le moment présent… mais là, cela devient encore plus fort !

Je ne pouvais pas retourner travailler dans ce bureau. Je n'en avais plus l'envie, car j'avais l'impression, durant les derniers mois, que j'étais devenue une plante verte placée quelque part et que l'on n'arrosait plus. Vous savez, il existe les *burn-out*, quand on croule sous le travail, moi c'était plutôt du genre *bore-out* ! Ne plus rien avoir à faire et attendre que la journée passe : cela m'angoissait et me donnait l'impression d'être invisible... Déjà, ce mot m'attaquait !

Finalement, on trouve un arrangement, et je me retrouve donc au chômage, à 56 ans ! Vous pouvez bien imaginer qu'à cet âge-là, étant donné l'invisibilité des femmes de plus de 50 ans dans notre société, personne ne m'attend[1].

1 Voir la partie consacrée à ce sujet, p. 91.

C'est là que ma troisième vie commence, celle qui m'amène à écrire ce livre, avec cette idée venue de nulle part, mais qui devait trotter dans ma tête depuis quelques années : me réaliser.

Je suis décidée à enfin faire quelque chose pour moi, à ne plus être suiveuse mais entrepreneuse de ma vie. Je vais la prendre en main, *me* prendre en main ! Et j'ai déjà cette envie qui germe en moi d'aider les femmes. Je ne sais pas de quelle façon, mais j'ai des petites lumières allumées dans mon for intérieur. D'ailleurs, sans en avoir conscience, je le faisais déjà, je crois.

La création de mon compte Instagram

Alors, tout devient une évidence. Je demande à ma fille de créer les bases de mon blog et moi, en parallèle, je lance mon compte Instagram @fiftyyearsofawoman. Ce ne sera pas *Cinquante Nuances de Grey*, mais les « cinquante ans d'une femme » !

Nouvelle activité, j'en profite pour me lancer un nouveau challenge ! Je veux atteindre les 10 000 abonné·e·s en un an. Pourquoi ? Je ne sais pas, mais c'est comme une idée fixe, et l'on sait que les Béliers sont têtus. Je sens des ondes extrêmement positives autour de moi, je ne sais pas où je vais, mais je suis mon intuition. Instinctive, je lui fais souvent confiance. OK, parfois, je me trompe ou je m'égare mais, au moins, je me lève et j'essaie. Je suis connectée à l'Univers, pas vous ?

Me voilà lancée sur une terre inconnue et ça m'inspire. Chaque chose que je fais à partir de ce moment-là a un sens et, surtout, donne du sens à ma vie. Je ressens de nouveau ce petit quelque chose qui me dit que je vais pouvoir aider des femmes à travers ce que je fais. Et je n'ai plus de comptes à rendre à personne, sauf à moi… C'est la liberté, *ma* liberté ! Je ne sais toujours pas comment, mais c'est parti…

Petit aparté sur Instagram

Peut-être que vous n'êtes pas hyper connectée ou intéressée par les réseaux sociaux, je me suis donc dit qu'il serait pas mal de vous faire un petit point sur cet élément crucial dans ma reconversion. Instagram est un réseau social où les gens s'exposent, racontent leurs passions, leurs voyages, leur art, leurs envies culinaires et bien d'autres choses encore, surtout à travers la photographie.

Instagram, c'est un endroit où l'on étale sa vie aussi, et toujours plus. Certes, c'est un peu étrange, mais Instagram est l'un – si ce n'est *le* – des réseaux les plus populaires, et donc les plus vivants.

Moi aussi, je poste des photos, quelques tranches de ma vie, même si cela peut paraître complètement narcissique, fou et sans aucun intérêt pour certain·e·s. D'ailleurs, vous, avez-vous votre compte Instagram ?

Si ce n'est pas le cas, pas d'inquiétude ! Être connectée, les réseaux sociaux et toute la panoplie, ce n'est pas une obligation ! Vous n'avez pas forcément besoin de ça pour vous épanouir et vous réaliser. C'est simplement la voie qui me convenait et que j'ai choisie.

Une chose me taraude à ce moment-là : j'ai envie de rendre hommage à ma grand-mère maternelle, Ida, que je n'ai jamais connue. Ma mère l'a perdue pendant la guerre, avec sa petite sœur, elles ont été emportées dans les camps de la mort. Sur ma carte d'identité figurent mes deux prénoms, Caroline Ida, et c'est le deuxième que j'ai envie d'utiliser pour faire un petit clin d'œil d'amour à cette grand-mère que j'aurais eu envie de connaître. Je sens que d'où elle est, elle me regarde et elle est fière de moi. Ainsi est né mon pseudonyme, mon nom public, si l'on peut dire !

La première année de cette nouvelle vie, mon activité consiste surtout à écrire quelques articles sur mon blog qui s'adresse directement aux femmes silver[2]. Je contacte également beaucoup de marques de produits cosmétiques plutôt bios et, doucement mais sûrement, je mets en forme mon compte Instagram. Un peu artiste dans l'âme, mais sûrement aussi légèrement brimée durant toutes ces années, j'ose enfin. Ma nouvelle vie, je veux la voir de tous les côtés et sous toutes ses couleurs ! Je vais donc m'exposer, beaucoup, et sous toutes les facettes de la vie. Je prends mes premiers selfies et je donne de la vie à mon *feed* (c'est votre identité sur Instagram, la page où toutes vos photos sont rassemblées), en créant une harmonie de couleurs qui va me différencier des autres, enfin, je l'espère… et ça fonctionne !

Peu à peu, les marques me font confiance, m'envoient des produits à tester et aiment ce que je fais. Je n'accumule pas des millions de *followers*, mais ma façon d'écrire sur mon blog et d'animer mon compte Instagram, sans chichi, naturelle et spontanée, leur plaît.

Tant mieux ! De toute façon, je ne sais faire que comme ça, et je suis heureuse d'exposer et transmettre ces valeurs.

Il n'est jamais trop tard pour devenir ce que nous aurions aimé être.

2 Vous pouvez le retrouver à l'adresse suivante : www.fiftyyearsofawoman.com.

Good things take time !*

Je suis moi, et ça marche !

Aujourd'hui, presque trois ans plus tard, j'ai des dizaines de milliers d'abonné·e·s sur Instagram ! Je suis devenue une influenceuse silver, et l'on vient me chercher. Pour quoi faire ? Pour parler de produits et les faire connaître auprès de ma communauté, en majorité des femmes de mon âge.

J'entraîne des femmes, je les aide à se dépasser, à transcender leur vision d'elles-mêmes et à se reconnecter à leur for intérieur parfois abandonné en cours de route… À mon échelle, bien modeste je l'admets, j'essaie d'inviter les femmes à se reconnecter à elles-mêmes, à faire preuve de plus de bienveillance à leur égard. C'est d'ailleurs bien évidemment le but de ce livre.

Je serais incapable d'exprimer comment et pourquoi j'en suis arrivée là, ce que je sais, c'est qu'aujourd'hui, je suis en total accord avec moi-même, je ne fais plus aucune concession ou presque pour plaire aux autres, et je ne veux pas ressembler à qui que ce soit !

* Les bonnes choses prennent du temps !

Je me fiche de ce que vous pensez de moi, je ne pense pas du tout à vous.

Coco Chanel

Il est hors de question que je rentre dans une case prédéterminée ! Je me suis parfois soumise à des carcans, pour faire plaisir, mais cela fait maintenant longtemps que je m'y refuse. Si je dérange, au contraire, ça me ravit, et si quelqu'un pense que je vais abandonner, eh bien, il faudrait qu'il oublie !

J'ai découvert une autre version de ma personne et je m'aime ! Je n'ai pas honte de le dire, car c'est la vérité, sans aucune prétention. Je pense que c'est aussi ce qui émane de moi à travers mes réseaux sociaux, et plus encore dans la vraie vie. Grâce à cette visibilité que je donne aux femmes silver, beaucoup parviennent à se sentir mieux avec elles-mêmes.

Je reçois beaucoup de messages d'amour chaque jour sur Instagram, de femmes surtout, qui me racontent leur parcours et me parlent de leur envie de s'épanouir, de s'assumer, de se rendre visibles en tant que sexygénaires, et qui m'expliquent que voir des femmes comme moi s'assumer les aide beaucoup.

Le mot « influenceuse » me dérange un peu, et je vous avoue que je ne l'aime pas, je le trouve très pompeux. Mes actions ont un petit impact, c'est tout, et ça me rend heureuse. Nous, femmes de la génération silver, avons parfois besoin de nous identifier, de nous reconnaître à travers quelqu'un ou quelque chose lorsque l'on manque de confiance en soi et que la société nous invisibilise et ne nous renvoie que notre âge.

Le sens de la vie est de trouver son don, le but de la vie est de le partager.

Pablo Picasso

À force de me voir et de me revoir dans un état naturel, sans make-up, avec la tête du matin, de me voir oser et faire des choses que certaines femmes de mon âge n'oseraient pas sur les réseaux ou même dans la vraie vie, de peur de casser leur image parfaite et filtrée, les femmes voient qu'il est possible de se libérer des étiquettes. Elles aiment voir que je leur ressemble, qu'elles ne sont pas seules.

Ma valeur essentielle est de rester fidèle à moi-même en faisant du bien à d'autres femmes avec des petits tips ou des paroles qui vont leur – vous ! – redonner confiance, afin de commencer à s'aimer soi-même.

Depuis plus de trois ans, grâce à mes différentes collaborations – lorsque l'on m'envoie des produits que je teste avant de les promouvoir sur mes réseaux sociaux –, j'ai rencontré beaucoup de femmes, de jeunes entrepreneuses, et j'adore ça !

Cependant, depuis le 1er janvier 2020, je n'accepte plus aucun partenariat non rémunéré ou presque, car c'est effectivement devenu mon métier, et tout travail ne mérite-t-il pas salaire ? Je suis devenue autoentrepreneuse de ma vie, et ça me plaît !

© Lilieyes Photographie pour ©Maison Louve

Chapitre 2

© Frédéric Vignale

Reconnectez-vous à votre image

Lorsque l'on se laisse aller, que l'on ne se regarde plus, car on ne se trouve plus belle ni désirable ; lorsque l'on ne prend plus soin de soi, car on n'en a plus envie, que l'on est fatiguée, commence alors une lente descente aux enfers. Et cela peut aller très vite, trop vite ! On n'a plus envie de s'habiller, on traîne à la maison avec un vieux caleçon et un t-shirt plein de douceur pour nous, mais qui ne nous empêchent pas de tomber dans notre côté obscur et dépressif.

J'en parle, car je suis moi aussi passée par cette période où me regarder, m'habiller, faire des choses pour moi ne me venait même plus à l'esprit… À ce moment, on se perd, on nous perd…

Bienveillance, dialogue et confiance en soi

Pourtant, vous aimer et faire preuve de bienveillance envers vous-même est la première étape indispensable si vous voulez être capable d'aimer et d'être bienveillante envers les autres. Vous pourrez alors ouvrir vos bras, offrir votre plus beau sourire, mais aussi votre soutien.

La bienveillance est un concept qui rencontre beaucoup de succès depuis quelques années, mais qui peut englober des choses très différentes. Reprenons sa définition exacte : « Disposition d'esprit inclinant à la compréhension et à l'indulgence envers autrui. »

A priori, cela paraît simple : pour être bienveillante, il vous suffit d'ouvrir votre cœur, d'essayer de comprendre plutôt que de juger, et d'accepter l'autre tel·le qu'il ou elle est. Un autre mot, au sens similaire, était utilisé avant celui-ci : la gentillesse.

C'était une notion un peu boudée, qui a pris une connotation négative, parce qu'associée à la naïveté, un concept qui ne devait surtout pas avoir sa place dans notre société de requins, où le pouvoir et le sarcasme sont tellement valorisés ! Et puis, le développement personnel est apparu aux États-Unis et, en quelques années, a rencontré un succès énorme, redonnant leurs lettres de noblesse à la bienveillance et à la gentillesse.

Avec l'avènement des réseaux sociaux et l'apparition de tous les comptes positifs, de développement personnel, et du mouvement *bodypositive*, ces concepts et leur application à soi-même deviennent indispensables. Enfin, on commence à se prendre en considération, à prendre soin de soi, on arrête de s'oublier.

Surtout, si vous pensez que vous avez loupé le train de la bienveillance envers vous-même, pas d'inquiétude : il n'est jamais trop tard !

Sur mes réseaux, je positive, je garde le sourire, et j'appelle les femmes à s'aimer telles qu'elles sont et à arrêter de s'oublier, même si ce n'est pas toujours facile pour certaines d'entre elles. Sur les réseaux sociaux, n'hésitez pas à suivre les comptes de personnes qui vous inspirent et, surtout, qui vous font vous sentir bien dans votre corps et dans votre tête ; bannissez les comptes qui vous font vous sentir coupable, grosse, « trop » vieille : vous méritez largement mieux !

Et si les réseaux sociaux, ce n'est pas votre tasse de thé, allez chercher dans votre entourage cette inspiration, ces modèles, ces femmes dans lesquelles vous vous reconnaissez et qui vous font vous sentir bien dans votre peau. Rapprochez-vous d'associations ou inscrivez-vous à des activités qui vous font plaisir, où vous rencontrerez des personnes avec qui vous partagez forcément quelque chose.

Dans tous les cas, si un travail sur vous-même, seule dans votre coin, vous semble impossible, voué à l'échec, n'hésitez pas à chercher des femmes dans votre cas, proches de chez vous, ou à prendre contact avec l'organisatrice d'un atelier qui va dans ce sens. Par exemple, il y a quelque temps, j'ai animé des petites réunions entre femmes qui ont besoin de se reconnecter à elles-mêmes, en lien avec un site de rencontres pour les plus de 50 ans, et je peux vous dire que c'est un franc succès ! Ces femmes en ressortent apaisées, prêtes à croquer la vie à pleines dents.

Je ne détiens absolument pas la vérité, mais je crois savoir aujourd'hui que, pour aider les femmes, il faut leur parler, les écouter, sentir leurs faiblesses et les orienter avec douceur vers un chemin qui va les aider à s'épanouir un peu plus et à être bienveillantes envers elles-mêmes.

Je suis reconnaissante pour toutes ces choses qui illuminent ma vie !

Il suffit, là encore, de faire preuve de gentillesse et de s'intéresser aux autres ! J'aime la vie, j'aime les gens, mon instinct me guide, et je sais que je peux redonner le sourire à une autre personne.

Rien que par mes petites actions, je les fais rire, je leur réponds, je les encourage, je suis connectée à elles et, ainsi, je leur redonne confiance en elle et leur montre une voie à laquelle elles n'avaient pas forcément pensé. Certaines d'entre nous sont perdues et ont besoin d'une main tendue pour les aider, d'un peu d'empathie. L'isolement peut rendre des femmes craintives et les couper de leur confiance en soi. Pourtant, parfois, il suffit d'une écoute attentive et de quelques mots pour déclencher l'envie de se confier, de se raconter, et pour nouer un lien bienveillant.

Il est important pour moi de mettre en avant l'acceptation de soi, car cela passe par la parole et la reconnaissance de choses parfois difficiles à dire… Elle ne se débloque pas par hasard, il faut être parfois guidée, et je vous conseille, si vous n'y arrivez pas seule, de vous faire accompagner. Il n'y a aucune honte à faire appel à un psychologue ou psychiatre, ou à n'importe quel autre thérapeute qui pourra vous amener vers votre renaissance.

Et si on parlait de gratitude ?

La gratitude, c'est se procurer des petits bonheurs quotidiens et, lorsque je dis « se », ce n'est pas par hasard. En effet, remerciez-vous pour chaque chose que vous pouvez faire !

La gratitude, c'est aussi remercier l'Univers pour ce qu'il nous offre à chaque moment de notre vie, c'est comme l'effet « boomerang ». Certaines personnes ont tendance à voir le verre à moitié vide. Il suffit de changer d'angle et de modifier certaines habitudes pour que la vie nous semble plus belle. Apporter de la positivité dans sa vie est indispensable pour être alignée avec soi-même. Lorsque l'on apprend à ressentir de la gratitude, on vit plus intensément. Chaque moment, même le plus simple, peut être perçu avec reconnaissance et bienveillance, et nous ancrer dans le moment présent, nous montrer la beauté de l'existence. Eh oui, la gratitude, c'est aussi dire merci à cette grande aventure qu'est la vie !

Essayez, vous verrez. Lorsque l'on commence à faire ça et bien cela permet d'avoir un quotidien plus harmonieux, et le verre à moitié vide est désormais perçu… à moitié plein !

Envisager la vie avec plus optimisme vous permet d'accorder moins d'importance à des moments remplis de négativité. Je ne m'appesantirai pas sur les deux confinements que nous avons vécus mais, d'une certaine manière, ils nous ont aussi permis parfois de nous arrêter et de réfléchir. La gratitude apporte aussi de la magie à un instant de la journée que l'on vit enfin intensément.

Anti-âge : pourquoi tant de négativité ?

Les marques, en nous proposant toutes sortes de produits, crèmes, lotions, masques et j'en passe qui seraient censés effacer les signes de l'âge, combler les rides, etc., contribuent à une véritable injonction à la jeunesse. Le seul souci, c'est que notre jeunesse n'est pas éternelle !

Les femmes les plus belles sont celles qui croient en leur beauté.

Sophia Loren

Je suis certaine que si les marques changeaient leur fusil d'épaule dans le marketing de leurs produits, nous nous reconnaîtrions plus dans cette image, le pro-âge serait aussi gage de leur succès.

J'aime les marques de la vie que j'observe sur mon visage et sur celui d'autres personnes, cela m'émeut. Une vie entière s'inscrit et peut se lire sur un visage, et c'est magnifique, c'est comme un livre. C'est pourquoi je prône le naturel, et je vous invite à assumer et accepter vos rides et vos taches, bref, tous ces détails qui montrent que vous avez vécu. Je sais que la société ne nous encourage pas à nous aimer telles que nous sommes, et pourtant ! Nous méritons de nous trouver belles avec ces détails, pourquoi une peau jeune aurait-elle plus de mérite que la nôtre ? C'est tellement intrigant, une ride, c'est l'histoire d'une vie qui s'inscrit sur notre visage et, moi, j'aime ça sur les autres, mais aussi sur moi !

D'où mon appel au bannissement du terme « anti-âge ». Déjà, c'est une façon négative de parler de l'âge, pourquoi ne pas nous tourner plutôt vers le pro-âge ? Je souhaite voir des marques qui veulent nous accompagner dans nos vies de femmes, dans notre avancée dans l'existence, et non qui nous donnent honte de vieillir, de grandir, de vivre.

Quand j'en parle autour de moi, parfois, je me confronte à des incompréhensions, car il y a une sorte d'immobilité et que l'on a tout simplement peur du changement, aussi. Nous venons au monde, nous grandissons, nous vieillissons et nous mourrons, c'est le rythme de la vie. Certes, l'espérance de vie a tendance à rallonger d'année en année, et il faut continuer à prendre soin de soi pour mieux vieillir, ce qui commence par des petites choses à se prodiguer quotidiennement. Nous vivons dans un monde plein de tumultes et d'agressions alors ne soyons pas agressives avec nous-mêmes. Mais il nous est impossible de nous reconnaître dans des marques qui prônent une jeunesse presque éternelle ! Par conséquent, pour m'éviter toutes ces injonctions qui me tirent vers le bas et m'invitent à avoir honte de qui je suis, j'ai arrêté de me confronter à ce monde-là, cette beauté-là, et je vous invite à faire de même.

Par exemple, je n'achète plus de magazines féminins, alors que j'étais une grande consommatrice à une époque. J'arrivais à me projeter dans les images qu'ils m'offraient, que ce soit pour des marques de beauté ou pour la mode. Et puis, peu à peu, j'ai commencé à me poser des questions. Certes, ces jeunes femmes hyper retouchées sont superbes, mais elles ne me ressemblaient pas, et je n'imaginais pas comment moi, femme de plus de 60 ans, je pourrais acheter et mettre sur ma peau un produit qui ne définit qu'une certaine beauté, et surtout pas la mienne, pas celle des femmes de plus de 50 ans, nous, la génération silver !

Alors, j'ai arrêté d'acheter ces magazines. Il m'arrive quand même de les feuilleter lorsque je vais chez le médecin avec une certaine curiosité, pour voir si quelque chose a changé. Mais non, rien, c'est toujours la même rengaine, encore et encore, de la pub à outrance, des photos de jeunes femmes, une mode à des prix abusifs, et tout ça ne me fait plus rêver du tout !

Disons *fuck* aux diktats ! Il est temps que les personnes à la tête de ces grosses sociétés médiatiques se posent certaines questions lorsqu'elles lancent un produit ou des campagnes de pub, et cherchent à bouleverser les codes ! Pensez-vous que Jane Fonda, Pénélope Cruz, Julia Roberts, Sophie Marceau, Catherine Deneuve ou toute autre grande actrice peuvent nous faire acheter n'importe quoi, juste parce qu'elles disent qu'elles le portent ?

Non, désolée, je ne suis pas un mouton. Cette sorte de dictature cachée ne passera plus par moi ! Oui je suis un peu réac aussi, mais c'est ce qui fait mon charme.

Après tout, pourquoi ne pas descendre dans la rue, faire des castings sauvages, présenter des femmes comme vous et moi, qui ont leurs rides, que l'on présente avec ou sans make-up, car on veut du vrai !

Vous devenez belle quand vous décidez d'être vous-même.

Cela dit, je sais combien les injonctions sont fortes, et qu'il est parfois plus reposant d'y céder que de les combattre, ne culpabilisez pas ! Il est parfaitement compréhensible que vous puissiez avoir envie de gommer vos rides. D'ailleurs, si l'idée vous vient de faire quelques petits arrangements avec votre chirurgien esthétique, malgré tous mes arguments pour vous convaincre que vous êtes belle au naturel, s'il vous plaît, tournez-vous vers un médecin qui pratique la *french touch*. *Less is more* et, je ne le répéterai jamais assez, c'est quelque chose qui s'applique à beaucoup de choses dans la vie, alors n'hésitez pas à vous en inspirer !

Après ce léger coup de gueule qui était indispensable pour moi, je vais vous confier mes petits rituels de beauté que vous pouvez pratiquer seule chez vous. Sinon, vous pouvez aussi choisir d'aller chez des professionnel·le·s qui savent vous faire du bien au corps et à l'esprit !

Mes petites astuces beauté

Nos cellules fonctionnent moins bien et s'épuisent en vieillissant. Il faut donc les stimuler pour que notre peau soit correctement entretenue. Savez-vous que dans un fonctionnement normal, en prime jeunesse, les cellules de la peau se renouvellent tous les vingt-huit jours ? Cependant, plus on vieillit et moins souvent les cellules se renouvellent. Cela génère un teint brouillé et une peau plus épaisse que l'on observe parfois au fil des années. Et puis, il y a notre derme qui va, lui, être responsable de la perte de tonicité et du relâchement de notre peau.

Je sais que ce n'est pas très drôle d'avancer en âge pour certaines, mais keep smiling, car lorsque l'on sourit, le visage s'illumine et les rides remontent : le sourire est votre meilleur atout beauté. Dites-vous que vous êtes en vie, et que la vie est belle !

Vous ne pouvez pas acheter votre bonheur, mais vous pouvez vous payer un massage !

Zoom sur le massage Kobido

Découvrez avec moi le Kobido, car je suis sûre que beaucoup d'entre vous ne connaissent pas encore cette technique de massage japonaise. C'est grâce à Instagram et à mon eau de rose préférée que j'ai pu le découvrir. Les réseaux sociaux ouvrent des portes vers de nouveaux horizons et celle que j'ai ouverte sur le Kobido en valait la peine.

Il faut dire que je suis tombée entre les mains d'une experte, Edye aux mains d'or. Je recommande aussi Agathe de Evolys Bien-être à Paris ! Mais avant de vous expliquer comment cela se passe, laissez-moi vous dire ce qu'est le Kobido et d'où il vient.

Kobido signifie littéralement « voie traditionnelle de la beauté ». Ce massage nous vient du pays du soleil levant, le Japon, où il était exclusivement réservé aux impératrices et aux geishas. Ce massage ancestral améliore de façon naturelle l'aspect de notre peau et ce, uniquement par une danse des mains sur le visage, qui lui redonne de l'éclat et ralentit son vieillissement.

Cette technique Kobido regroupe une cinquantaine de mouvements : tapotements, pincements, frottements, pétrissages, effleurages… Le massage, grâce à son action sur certains méridiens et points d'acupression du visage, stimule et relance la production de collagène ainsi que la circulation lymphatique et sanguine.

Vous savez qu'avec les années, le collagène de notre peau a tendance à diminuer dangereusement, jusqu'à n'être presque plus produit, sauf s'il est stimulé par autre chose : c'est le rôle du Kobido. Je le conseille à toutes celles d'entre vous qui n'ont pas envie de passer par la case injection d'acide hyaluronique, Botox et autres. Le Kobido vous permettra de garder votre beauté naturelle tout en y apportant des soins qui vous apporteront un éclat de peau magnifique, un véritable lifting naturel.

Bien sûr, l'idéal est de s'offrir des cures d'une dizaine de séances, pour avoir un résultat durable dans le temps et l'entretenir. C'est un investissement, certes, mais je vous assure que, ne serait-ce que pour son effet relaxant et stimulant, c'est un pur bonheur et vous allez voir une vraie différence ! Il détend, libère le visage – et le corps tout entier, par extension – de toutes les tensions et crispations, et qui dit visage détendu dit aussi rides moins marquées !

Si un massage régulier par une professionnelle est au-dessus de vos moyens, ce n'est pas grave ! Vous pouvez reproduire certains gestes à la maison. Et n'hésitez pas à vous faire une petite cagnotte à remplir de quelques pièces régulièrement, et à le demander en cadeau pour Noël ou votre anniversaire !

Le *Face Sculpting*

Il existe aussi un autre massage extraordinaire, inventé, cette fois-ci, par un Russe, Yakov Gershkovich : c'est le *Face Sculpting*, ou « sculpture du visage » en français. Il s'agit, là encore, d'une technique douce qui ne ressemble à aucune autre : détendre et raffermir les muscles du visage, et particulièrement depuis l'intérieur !

C'est également une technique de massage qui est principalement réalisée par des professionnel·le·s, en institut, en séances d'une quarantaine de minutes. La première partie est consacrée à la stimulation des 57 muscles du visage afin de les oxygéner et de les étirer, comme lorsque l'on étire n'importe quel autre muscle. C'est un massage assez profond, qui peut débloquer les tensions que l'on accumule au fil des années et qui forment aussi les rides. Cette première partie augmente l'afflux sanguin, et notre bel ovale va être tonifié, donc redessiné.

La suite du massage se déroule à l'intérieur de la bouche, c'est un massage buccal. La praticienne porte des gants et plonge un ou deux doigts à l'intérieur de la bouche et du sillon nasogénien pour travailler et détendre toutes les crispations que nous pouvons accumuler dans le bas du visage et qui nous donnent si souvent cet air fatigué ! Cette partie peut être un peu désagréable, et même provoquer quelques courbatures le lendemain au niveau de la mâchoire.

Mais, ce qui compte, c'est que le collagène et l'élastine vont être radicalement reboostés. L'effet repulpant est incroyable au niveau des lèvres et du sillon nasogénien ! La peau est, par ailleurs, plus éclatante.

Il est évident qu'il faudrait également le faire très régulièrement, mais cela représente un budget élevé, pas à la portée de toutes les bourses !

Le *Face Sculpting* est déjà très connu en Angleterre, où certaines stars y ont recours afin d'éviter le Botox et ces autres méthodes invasives. Vous avez bien compris que la chirurgie ne passera pas par moi !

Mon rituel quotidien

Réveiller ma peau

Chaque matin, quand j'ouvre les yeux, je pulvérise un peu d'eau de rose sur mon visage pour me réveiller en douceur avec une odeur qui ouvre mes papilles. Quelques minutes plus tard, je passe devant mon miroir, mon beau miroir… et là, qu'est-ce que je vois ?

Moi ! Et je me dis bonjour, je me souris… C'est le début d'une longue journée, qui sera plus ou moins bonne, mais qui aura au moins le mérite d'avoir commencé par un sourire. Un sourire à soi-même, l'un des plus beaux et surtout l'un des plus authentiques sourires !

J'essaie de tisser une histoire d'amour avec moi-même. Essayez, vous verrez, les effets sur l'humeur et sur la beauté sont radicaux ! Être gentille avec soi-même, être bienveillante, c'est la base de la vie avec les autres, non ?

Il est très difficile pour moi de vous dire quelle crème ou quelle lotion utiliser car, chacune de nous ayant une peau différente, ce que j'utilise sur moi ne peut pas s'appliquer forcément à toutes. J'en découvre encore de nouvelles au fil des mois qui m'enchantent, alors je les garde dans ma salle de bain pour mon rituel beauté. J'avoue ne pas être toujours fidèle aux mêmes produits suivant l'envie du moment et la réaction de ma peau. La seule chose qui est indispensable quotidiennement, peu importe son âge, est de bien nettoyer sa peau matin et soir, et de l'hydrater.

Voici comment se décompose mon *layering* quotidien, matin et soir, n'hésitez pas à vous en inspirer si vous avez envie de vous chouchouter. Il n'y a bien sûr aucune intention de vous imposer, mais plutôt de vous guider avec ma petite expérience : comme d'habitude, l'essentiel est de faire comme vous le sentez, d'être vous-même, de suivre vos envies !

Mes rituels de beauté du matin et du soir sont très similaires. La seule différence, c'est que le matin, j'ai mon *pschitt* d'eau de rose, ma bouffée de fraîcheur et de sensualité matinale !

Démaquillage et nettoyage

C'est une étape que je réalise évidemment plutôt le soir, systématiquement quand je me suis maquillée, et parfois même lorsque je ne me suis pas maquillée mais que j'ai besoin ou envie d'un petit coup de nettoyage supplémentaire.

→ Prenez un peu d'huile dans le creux de votre main.

→ Réchauffez-la délicatement entre vos paumes.

- → Effleurez et massez délicatement votre visage, en mouvements circulaires.
- → Passez aussi sur vos yeux pour les démaquiller, toujours avec beaucoup de tendresse envers vous-même.
- → Frottez vos cils entre vos doigts, délicatement, pour décoller les derniers résidus de mascara si vous en avez porté.
- → Essuyez l'huile avec un morceau de tissu doux (coton lavable, gant, petite serviette microfibre…) humidifié à l'eau tiède.

Après cette étape du démaquillage, nettoyez votre peau avec un savon doux, idéalement pressé à froid : il sera plus délicat avec votre peau, et sa production consomme moins d'énergie ! Vous pouvez également utiliser une éponge konjac qui va enlever les dernières impuretés et lisser la peau, comme un doux gommage.

Pensez toujours positive attitude même quand vous vous démaquillez ! Passez vos mains encore et encore sur votre visage, fermez les yeux et reconnectez-vous avec votre intérieur… C'est votre moment, il n'appartient qu'à vous et c'est seulement à vous que vous avez envie de faire du bien ! Gratitude, vous vous remerciez encore et encore.

Pour le rinçage, comme après le démaquillage, soit vous aspergez votre visage d'eau avec vos mains – attention, c'est beaucoup mieux pour notre planète si on ne laisse pas couler l'eau trop longtemps –, soit vous vous essuyez très délicatement d'abord avec un tissu. Dans tous les cas, on essaie d'oublier le coton jetable et on privilégie les microlingettes en coton bio réutilisables. Vous pouvez même les coudre si vous avez des petites mains de fée. Il suffit d'en avoir quelques-unes, comme ça, vous pouvez les passer à la machine ou les laver à la main dès que vous vous êtes démaquillée.

Les soins spécifiques

Après cette étape, votre visage est prêt à recevoir les soins qui activeront les cellules de votre peau pendant la nuit. Votre peau est propre, elle respire, et c'est là qu'elle a besoin d'être hydratée et nourrie car, avec les années qui passent, la peau devient, en général, plus sèche et manque d'hydratation. Notre peau est toute propre et fraîche, c'est le moment d'appliquer nos produits de soins pro-âge ! Depuis toujours, j'utilise contour des yeux, sérum, crème de jour et crème de nuit, en *layering*, c'est-à-dire que la succession de ces soins crée une synergie qui décuple les bienfaits de chacun.

Le contour des yeux

À vous de trouver celui qui vous convient le mieux, sachant que cette zone est très fragile, fine et sensible : ne le choisissez pas trop riche et, si vous en appliquez le matin, prenez garde à la brillance. Son application est très simple, il faut simplement veiller à être très délicate et à ne pas en utiliser trop à la fois.

→ Prélevez un demi-grain de riz de crème avec votre annulaire : c'est le doigt le moins musclé de votre main, et donc le plus délicat.

→ Frottez la pulpe de vos annulaires l'une contre l'autre pour répartir le soin.

→ Tapotez délicatement le contour de vos yeux pour déposer une fine couche de crème sur les cernes, le coin de vos yeux et vos paupières.

→ Réalisez de petits massages circulaires autour de l'œil et de la paupière, avec la pulpe de vos doigts, les mouvements doivent être très légers.

→ Terminez en tapotant une dernière fois tout le contour de l'œil pour réactiver les petits vaisseaux qui se trouvent à cet endroit et qui deviennent paresseux avec l'âge.

Sérum ou huile ?

Selon mon envie du moment, j'applique un sérum puis une crème ou bien j'utilise une huile. Si vous êtes une fervente partisane de cette seconde option, passez directement à l'étape suivante !

La combinaison sérum + crème de jour ou de nuit est l'option originale du *layering*. Pour l'appliquer, vous pouvez utiliser directement vos doigts ou bien vous servir de rouleaux de jade ou de quartz, ou même d'une pierre Gua Sha pour faire pénétrer le sérum avec des massages, toujours délicats, sans appuyer trop fort. L'idéal, c'est de laisser vos produits dans votre réfrigérateur pendant la nuit : leur fraîcheur améliorera l'action du massage. En plus, cela donne un petit coup de fouet !

- Prenez une petite quantité dans le creux de votre main.
- Venez doucement tapoter votre visage pour faire pénétrer le sérum naturellement, très légèrement.
- Laissez pénétrer quelques secondes, afin que la peau l'absorbe naturellement.

Il y a quelques années, j'ai découvert les huiles vierges et riches de vertus, et il m'arrive de remplacer cette étape par l'application d'une huile, avec laquelle je prends le temps de masser mon visage. L'huile de pépins de figue de barbarie est ma favorite, elle fait des merveilles sur ma peau. On lui attribue notamment des vertus antioxydantes, assouplissantes, nourrissantes, hydratantes, régénérantes et cicatrisantes, bref : elle fait tout ! En plus, son toucher est plutôt sec et elle pénètre facilement, ce qui rend son utilisation d'autant plus agréable.

Vous pouvez aussi vous tourner vers l'huile d'argan, d'onagre, de prune, de cerise, de bourrache et tant d'autres. N'hésitez pas à aller faire un tour sur Internet, qui regorge d'annuaires et blogs pour vous aider à choisir l'huile qui vous conviendra. Vous pouvez aussi en choisir plusieurs et alterner ou les associer, selon l'humeur et l'état de votre peau. Continuez à être à son – à votre – écoute.

Pour l'appliquer :

- prélevez trois ou quatre gouttes d'huile, plutôt cinq ou six si votre crème n'est pas très riche et si vous souhaitez en appliquer sur votre cou et votre décolleté ;
- réchauffez l'huile entre vos mains ;
- venez appuyer très légèrement vos mains sur votre visage : sur vos joues, votre front et votre menton, puis cou et décolleté, pour répartir l'huile un peu partout ;
- massez délicatement vers le haut et/ou par petits mouvements circulaires, du bout des doigts, pour bien faire pénétrer l'huile et détendre la peau.

Comme pour le sérum, vous pouvez également utiliser un rouleau de jade ou une pierre, mais de préférence après avoir aidé l'huile à pénétrer avec vos mains. Personnellement, je préfère quand même avoir mes mains au contact de ma peau.

Et petite astuce : si vous n'aimez pas le résidu gras dans vos paumes, essuyez vos mains dans vos cheveux, notamment près des pointes, ça leur fera beaucoup de bien !

La crème

Dernier indispensable de ce *layering* beauté, c'est la crème de jour ou de nuit, si vous avez envie d'en utiliser deux, comme moi. Là encore, profitez-en pour vous reconnecter avec votre moi profond. Choisissez votre crème selon votre peau et vos envies ! Peut-être que, si vous en utilisez deux, vous préférerez une crème plus légère pour le matin, et profiterez de la nuit pour nourrir à fond votre peau. Ou bien vous êtes d'humeur doudou et c'est une crème bien riche dont vous aurez envie toute la journée : faites comme vous le sentez, et n'hésitez pas à modifier votre routine selon les jours et vos humeurs ! Personnellement, j'adore celles qui sont très riches et que ma peau va absorber avec bonheur.

→ Réchauffez un peu de crème entre vos paumes.

→ Comme pour l'huile, venez apposer vos mains sur toutes les zones de votre visage pour répartir le soin. Profitez-en pour fermer les yeux et vous laisser envahir par les sensations : chaleur de vos mains, odeur de la crème…

→ Commencez par le cou, la nuque et les oreilles – on les oublie trop souvent et, pourtant, elles nous donnent notre équilibre et nous permettent d'entendre le brouhaha de la vie ou les « je t'aime » de notre amoureux·se.

→ Remontez sur l'ensemble du visage, faites comme vous le sentez aussi, d'instinct vous saurez quel ordre et quelles zones vous préférez.

Une fois la crème et votre visage bien réchauffés, si vous avez le temps et l'envie devant vous, vous pouvez en profiter pour vous masser.

Le massage maison

Pendant longtemps, j'ai cru qu'appliquer des crèmes de soin matin et soir sur mon visage suffisait. Certes, c'était franchement mieux que rien, mais j'ai découvert depuis que quelques étapes supplémentaires amélioraient à la fois mon bien-être et la qualité de ma peau. La première fut le *layering*, mais nous en avons déjà parlé. La seconde a révolutionné ma peau et mon bien-être, sans exagération ! Et elle ne coûte rien, donc parfaite pour celles d'entre nous qui n'ont pas le budget pour les super massages que j'ai mentionnés un peu plus tôt.

J'ai envie de chouchouter ce visage et ce corps qui me soutiennent et m'accompagnent chaque jour. Alors, depuis quelques années, je me masse le visage lorsque je pratique mon *layering* beauté matin et soir. Je n'ai ni les moyens ni le temps d'aller me faire masser aussi souvent que je le désirerais, alors je le fais moi-même avec douceur et amour. En plus, les produits pénètrent mieux et agissent plus en profondeur après un délicieux massage. Essayez, prenez juste 10 minutes pour vous, oubliez le reste !

À un moment de relaxation, souvent plutôt en fin de journée, après le démaquillage, prenez ce temps. Posez votre téléphone loin de vous, en silencieux ! Placez-vous devant votre miroir, regardez-vous et dites-vous que vous allez vous faire du bien, et combien vous le méritez, parce que, oui, vous le méritez. Respirez profondément, vous pouvez même fermer les yeux pour profiter au mieux de toutes ces sensations et de toute cette détente.

→ Avec la pulpe de votre index et de votre majeur, pincez votre menton.

→ Glissez vos doigts le long de votre mâchoire, jusqu'aux oreilles. Répétez l'opération trois fois de chaque côté. Vous pouvez faire le mouvement de chaque côté simultanément, en utilisant vos deux mains si vous êtes à l'aise, ou faire un côté après l'autre.

→ Appuyez les paumes de vos mains sur vos joues et massez en lissages profonds, des commissures des lèvres jusqu'aux tempes. Répétez l'opération trois fois.

→ Mains à plat sur les joues, réalisez quelques tapotements énergiques et rebondis.

→ Avec la pulpe de vos doigts, écrasez et repassez la ride du lion (entre vos sourcils) du bas vers le haut, plusieurs fois.

→ Formez le V de la victoire avec vos deux mains et venez poser le bout de vos doigts de chaque côté de votre front.

→ Glissez vos deux mains vers le milieu de votre front, jusqu'à ce que vos doigts se croisent, puis repartez dans l'autre sens.

→ Répétez ce geste aller-retour au moins trois fois, en alternant à chaque fois le V qui se retrouve en haut et celui qui se retrouve en bas.

→ Enfin, avec la pulpe de vos doigts, lissez votre front en partant d'entre vos sourcils vers l'extérieur.

Réalisez ces mouvements lentement, au rythme de votre respiration. Bien sûr, comme d'habitude, si l'un d'entre eux vous est désagréable, ne le faites pas ! Et n'hésitez pas à arranger ce rituel à votre sauce si certaines autres pratiques vous font davantage de bien.

Quant au soin à utiliser, vous pouvez vous masser juste après l'application de votre crème de soin habituelle, peut-être en une quantité un peu plus grande que d'habitude si celle-ci est plutôt sèche et peu riche, pour être sûre que vos doigts glissent bien. Sinon, personnellement, je suis une adepte des huiles. Je réalise parfois ce massage avec juste de l'huile sur peau propre, comme un masque. Utilisez votre préférée, suivant votre humeur et les demandes de votre peau. Continuez à être à son écoute.

Si vous êtes triste, ajoutez plus de rouge à lèvres et attaquez !

Coco Chanel

Mes essentiels make-up quotidiens

Après les soins, nous voilà prêtes à nous maquiller, si on en a envie ! Je ne me maquille pas tous les jours mais, par contre, je mets souvent du rouge à lèvres quand je ne le suis pas.

Vous pouvez avoir envie de sublimer votre beauté naturelle, et cela peut notamment passer par un joli maquillage naturel qui ne va pas accentuer vos petites rides ou imperfections. Je reste toujours dans l'esprit de la *French touch* c'est-à-dire quelque chose de léger !

La BB crème

C'est un essentiel ! Avoir un beau teint sans passer par la case fond de teint épais et trop couvrant qui va aller se loger dans nos petites ridules autour de la bouche ? Oui, c'est possible.

Cette solution, c'est la BB crème – BB pour *Blemish Balm*, baume anti-imperfections –, une crème de soin teintée qui donne de l'éclat et unifier. C'est un soin 2 en 1, cette BB crème apporte un soin pour la peau et une légère couvrance, comme un fond de teint hyper léger. Elle s'adapte à notre peau et s'applique tout simplement du bout des doigts, avec de petits massages et tapotements sur le visage jusqu'à la pénétration totale du produit.

Il existe de nombreuses teintes, donc vous trouverez forcément la vôtre ! N'hésitez pas à vous rendre dans des magasins spécialisés et à demander des échantillons pour ne pas vous retrouver avec une teinte trop claire ou trop foncée, mais celle qui va sublimer votre teint. Les spécialistes beauté sont là aussi pour vous aider dans votre choix.

Belle peau, bonne humeur, belle journée !

Il existe également la CC crème – *Color Control* – qui va, elle, corriger nos petites rougeurs, mais qui ne soigne pas et qui possède une couvrance un peu plus élevée. La DD crème – *Daily Defense* –, enfin, protège notre épiderme en filtrant les rayons solaires.

À vous de trouver celle qui vous convient le mieux ! Moi, j'opte plutôt pour une BB crème, ce soin 2 en 1 qui va se fondre à ma carnation et illuminer mon teint !

Si vous en ressentez le besoin ou l'envie, vous pouvez appliquer une poudre par-dessus. C'est une étape dont je ne suis pas particulièrement fan, j'ai toujours peur que cela vienne plâtrer mon teint. À la rigueur, parfois, je viens tapoter la zone T – et seulement la zone T – avec un pinceau pour m'assurer de ne pas briller, lors d'une bouffée de chaleur, par exemple ! Cependant, on trouve de plus en plus de poudres très légères ou neutres qui s'appliquent facilement et qui matifient si votre peau a tendance à être un peu grasse. À vous de voir ce qui vous plaît !

L'anticernes

On ne peut pas s'en passer, c'est *le* véritable indispensable ! Non seulement il atténue nos cernes mais, en plus, on peut l'utiliser sur certaines petites taches brunes de notre visage, par-dessus la BB crème, pour optimiser la couvrance.

Si vous avez suivi, vous avez compris que mes doigts sont mon outil préféré pour appliquer des soins sur mon visage ! Pour l'anticernes, c'est pareil, c'est ce que je recommande : posez de petits points sur vos cernes et légèrement en dessous, puis tapotez délicatement pour le faire pénétrer et le répartir uniformément. Si vous préférez utiliser un pinceau, libre à vous, mais je trouve que le rendu est plus naturel et l'application plus instinctive au doigt. Ensuite, n'y touchez plus pendant quelques minutes, afin que la matière se fonde avec votre peau.

De même que pour le teint, ne prenez pas quelque chose de trop épais ; à trop grande couvrance ou trop clair, sinon cela se verra trop et ne mettra en valeur ni votre regard ni votre maquillage.

Less is more.*

Le mascara

Le troisième indispensable : notre mascara ! Il ouvre le regard, l'intensifie, bref, de quoi vous faire des yeux de biche et avoir l'air réveillé en toutes circonstances. Pas facile non plus de trouver le mascara de ses rêves… Personnellement, j'ai remarqué que je n'aime pas les mascaras waterproof, mais cela ne veut pas dire qu'ils ne sont pas bien, c'est juste mon ressenti. L'important est que votre mascara tienne toute la journée sans s'émietter sur vos cernes et qu'il n'irrite pas vos yeux.

* Toujours moins, toujours mieux.

La teinte importe aussi ! Il en existe de toutes les couleurs, mais restons basiques avec du noir ou du marron, qui sublimeront toutes les couleurs d'iris. Si vous êtes d'humeur un peu plus audacieuse, le bleu marine ou le bordeaux sont aussi canon, mais seulement si on les porte seuls, bien sûr, sans ombres colorées sur les paupières !

Le rouge à lèvres

C'est mon dernier indispensable. Pour moi, c'est *le* produit que vous devriez toujours avoir sur vous ! D'ailleurs, je l'ai déjà dit, même si je ne me maquille pas tous les jours, il est rare que je ne porte pas au moins un peu de rouge à lèvres quand je sors, c'est le truc qui me fait me sentir belle et puissante. Choisissez une teinte qui vous va en toutes circonstances et qui peut aussi servir de rose à joues, et gardez ça dans votre sac à main. Vous êtes surprise par cette deuxième utilisation ? Eh oui, on peut utiliser son rouge à lèvres comme blush et l'étaler soit avec les doigts, soit avec un pinceau ! Pour cette utilisation, je recommande plutôt quelque chose de mat, pour ne pas avoir les joues qui brillent – quoique c'est mignon aussi l'effet « je reviens de la mer » ! –, et d'une couleur naturelle, entre le corail et le rouge.

Il est simple d'être belle avec quelque chose de très naturel qui va uniquement mettre en valeur nos beaux yeux et ne pas accentuer les rides que certaines auraient envie de cacher.

Inner beauty is great, but a little mascara never hurts !*

* La beauté intérieure, c'est génial, mais un peu de mascara ne fait jamais de mal !

Je décide de qui je suis et de qui je veux être !

Assumez vos cheveux : *silver is the new blonde !**

Parlons de nos cheveux, car ce sont eux qui encadrent notre visage et forment notre parure. Que vous ayez les cheveux courts ou longs, peu importe ce que vous avez envie de porter, c'est votre tête, vos cheveux, alors n'écoutez que vous et surtout pas les conseils des copines ou de votre mère ou tante qui vont vous répéter qu'à partir de 50 ans :

« Tu sais, ma chérie, à partir d'un certain âge, il ne faut plus porter les cheveux longs, ça ne se fait pas, coupe-les ! »

Mais de quel droit peut-on nous imposer quelque chose et pourquoi ? Encore ces fameux diktats de la société qui veulent imposer qu'une femme de plus de 50 ans n'ait plus le droit de porter des cheveux longs !

* L'argenté est le nouveau blond !

Acceptez cette nouvelle couleur

Les mauvaises couleurs ou les mauvaises coupes n'existent pas vraiment, c'est simplement que ces personnes n'ont pas trouvé le bon coiffeur ! Vous ne pensez pas ?

Je sais que ma chevelure a toujours été très importante pour moi. Je porte les cheveux longs depuis très jeune, longs et blonds, de plus en plus blonds, d'ailleurs, et plus ou moins longs. Chaque fois que je coupais quelques centimètres, je pleurais ! Je suis sûre que vous vous reconnaissez un peu aussi quand vous lisez ça.

Et puis, peu à peu, des cheveux blancs sont apparus, vous savez, ces fameux petits cheveux qui viennent se placer juste à l'endroit redouté et que, surtout, on veut cacher très vite ! Mon père a eu les cheveux blancs très jeune, vers 25 ans, je crois. Pour moi, je ne sais plus trop car j'ai commencé à faire des shampoings éclaircissants vers 15 ans, puis des balayages et enfin des couleurs chimiques, puis végétales, puis plus rien. Je vous avoue même que j'étais totalement allergique aux cheveux blancs, je trouvais que cela faisait négligé quand la racine blanchissait, et même « vieille » !

Aïe aïe aïe ! Encore complètement conditionnée par le jeunisme et le reste !

Et puis, un jour, il y a cinq ou six ans, j'ai commencé à faire des allergies aux teintures chimiques, de plus en plus fortes, la dernière a duré presque une semaine, j'avais l'impression qu'on allait m'arracher le crâne tellement ça me brûlait. J'ai donc décidé d'arrêter totalement les teintures chimiques et d'opter pour la teinture végétale.

Pendant deux ans, cette solution m'a très bien convenu : j'avais trouvé une nouvelle coiffeuse, certes loin de chez moi, mais avec laquelle je me sentais en confiance. Après tout, nous savons toutes combien il est important d'être bien chez son coiffeur ou sa coiffeuse : ces dernier·ère·s écoutent tous les petits mots ou maux de leurs clientes, jusqu'à leur donner l'impression de se confier à un·e psychologue, parfois.

Attention, cependant, la couleur végétale n'est pas exempte de ratages si le techicien ou la technicienne n'est pas expert·e… Le cheveu blanc, plus poreux, absorbe de façon différente qu'un cheveu coloré, et selon votre état général, c'est une technique compliquée et ça se surveille à la minute près. J'ai eu les racines orange, voire roses et, en retirant ces couleurs, j'ai aussi eu des reflets verts. J'en souris désormais, mais je peux vous dire que ça m'avait rendue dingue et, pourtant, ce n'étaient que des cheveux !

Il y a maintenant trois ans, je me suis mise à perdre mes cheveux, à en perdre beaucoup, pendant des mois. J'ai alors décidé de tout arrêter et de laisser la nature reprendre le dessus et d'accepter ma couleur naturelle ! Je suis devenue *going gray* ou *blande*, nouveau terme à cheval entre « blonde » et « blanche » pour cette couleur naturelle de cheveux gris. Quelques années auparavant, je n'aurais jamais pensé une seule seconde pouvoir m'accepter en silver… Et pourtant, je les aime mes cheveux au naturel !

En plus, c'est très tendance en ce moment de laisser ses cheveux silver. Il ne vous reste qu'à passer le cap, promis, vous ne le regretterez pas ! S'assumer telle que l'on est, c'est aussi se sentir plus belle et plus forte. Une nouvelle fois, il est indispensable de se regarder et d'accepter sa différence, malgré ce que l'on peut dire ou penser autour de nous ! Et puis, je ne vais pas vous mentir, mais ne plus avoir à faire une coloration tous les deux mois, c'est aussi un nouveau souffle dans votre budget. Nous savons combien, lorsque l'on est sexygénaire, notre budget peut être réduit[3] ! Rapprochez-vous de votre coiffeur ou coiffeuse préféré·e et parlez-lui de votre désir d'arrêter les

3 À ce sujet, voir le zoom sur le travail, le chômage et le pouvoir d'achat des femmes de plus de 50 ans, p. 97.

colorations : ce n'est pas un processus qui se fait du jour au lendemain. Chaque personne est unique et c'est ce qui fait sa force et sa beauté !

Combien de fois, durant ma transition capillaire de blond à *silver*, ai-je entendu autour de moi des personnes, même très proches me dire qu'elles me préféraient en blonde, que ça faisait bizarre, que je devrais les couper ! Bref, j'ai tenu bon et j'en suis très heureuse aujourd'hui, même si je suis aussi passée par des moments de doutes quand je regardais ma chevelure blonde d'avant sur des photos.

Tout ceci a un rapport direct avec la dictature du jeunisme régnant dans notre société qui affirme que la femme doit rester jeune, donc avec des cheveux qui ne sont pas blancs, car cela veut dire qu'elle vieillit et cela fait peur. Je dirais même que, parfois, les critiques les plus odieuses viennent des femmes.

Par contre, un homme qui va avoir des cheveux *silver*, on va le trouver sexy, charmant, jamais on ne parlera de lui comme on peut parler des femmes qui gardent leurs cheveux blancs, désignées d'office « vieilles ». Accepter ses cheveux blancs est assurément un geste féministe.

Je vous en parle en connaissance de cause, puisque je fais partie de cette catégorie de femmes et je vous assure que je ne me sens pas plus vieille avec mes cheveux *silver*, et pas moins séduisante ! Tout ceci est une question de confiance en soi et de sérénité intérieure que l'on gagne avec les années. Demandez à certains hommes, ils vous répondront que cette force tranquille et cette liberté que nous avons acquises nous rendent encore plus belles, même avec des cheveux blancs !

Alors, si vous avez envie de garder vos cheveux longs, blonds, bruns, roux, ou les laisser naturels, allez-y ! Mais ayez toujours en tête que ce que vous faites, c'est pour vous et uniquement pour vous, et que personne ne doit guider vos choix. Vous êtes une femme adulte et libre !

Prenez soin de vos cheveux *silver*

Attention cependant, il faut en prendre grand soin, car les cheveux blancs ont tendance à changer de texture et à devenir beaucoup plus secs, plus fins, et à jaunir. Ce sont ces aspects contre lesquels il nous faut lutter si on ne veut pas se retrouver avec un tas de paille sur la tête ! Voici donc mes conseils pour vous aider à chouchouter et entretenir votre superbe chevelure *silver*.

Le premier d'entre eux concerne le lavage : lavez-vous les cheveux le moins souvent possible. Ils sont secs, désormais, profitez-en pour ralentir le rythme et gagner du temps sous la douche ! Une fois par semaine est l'idéal, sauf si vous faites beaucoup de sport ou que vos activités quotidiennes impliquent beaucoup de poussière et de saleté. Réduire la fréquence des lavages vous permettra de réduire l'impact du calcaire de l'eau – très asséchant – et des agents nettoyants de votre shampoing, qui peuvent se révéler agressifs.

Une femme qui se coupe les cheveux est une femme qui s'apprête à changer de vie.

Coco Chanel

Lorsque le jour du lavage arrive, je vous recommande un shampoing déjaunissant. Une utilisation régulière de ce produit génial évitera à votre chevelure de virer vers le jaune ; au contraire, plus vous l'utiliserez, plus vos cheveux seront *silver* ! Ne prenez pas peur devant la couleur violette de ce shampoing, celle-ci ne tache ni votre crâne, ni vos mains, ni votre douche, si vous rincez bien. Si vous vous lavez les cheveux souvent, pour des raisons qui vous appartiennent – on fait comme on le sent, souvenez-vous ! –, vous n'êtes pas obligée de l'utiliser systématiquement, vous pouvez alterner avec un autre shampoing, mais toujours quelque chose de très doux et nourrissant pour vos cheveux.

Le shampoing bien rincé, place au soin ! Vos cheveux *silver* n'ont plus la force de vos 20 ans ni les couches gainantes et brillantes des colorations : ils sont plus fragiles, secs et cassants. Il importe donc de les nourrir et de les hydrater convenablement, pour les rendre forts, souples et brillants. Pour ce faire, l'application au minimum hebdomadaire d'un soin nourrissant est indispensable ! Je vous recommande les soins à base de beurre de karité notamment, très riche. Aussi, faites attention aux pièges des cosmétiques : traquez le silicone, notamment, qui apporte douceur et brillance, mais totalement artificielles. Privilégiez plutôt des produits naturels, à base d'huiles et de beurres végétaux.

Pour plus de soin, de brillance et de gainage, vous pouvez également appliquer un peu d'huile sur vos cheveux quotidiennement. Vous pouvez utiliser votre huile favorite pour le visage, ou bien une autre, de préférence au toucher sec. Prélevez quelques gouttes que vous réchauffez au cœur de votre paume, puis enduisez vos pointes et vos longueurs avant de passer un petit coup de brosse.

Et, bien évidemment, le fait de ne plus faire de couleur et de prendre soin de vos cheveux au quotidien ne vous dispense pas d'un passage régulier chez votre coiffeur ou coiffeuse préféré·e pour tailler les pointes abîmées et rafraîchir votre coupe ! En plus, c'est un moment agréable, de détente absolue, que vous méritez amplement !

Your hair is your best accessory !*

* Vos cheveux sont votre meilleur accessoire !

Chapitre 3

Apprenez à aimer votre corps

© Clélia Rochat

**Le problème,
ce n'est pas votre corps,
c'est ce que vous pensez
de votre corps !**

Vous n'avez pas besoin d'être parfaite !

Regardez votre corps comme s'il appartenait à quelqu'un que vous aimez

Vous regardez-vous souvent toute nue dans votre glace ?

Je sais que vous passez très vite devant ce grand miroir qui vous lance à la figure tout ce que vous n'avez pas envie de voir. C'est une situation que j'ai vécue et que je vis encore quotidiennement !

Seulement, un jour, je me suis dit qu'il fallait que je sois bienveillante avec moi-même et que cela passait également par l'acceptation de mon corps. Je vous ai déjà donné quelques petits trucs pour votre beau visage mais, maintenant, il faut parler de notre ensemble, de ce corps qui nous soutient, qui a peut-être donné la vie et qui nous lie à cette dernière.

Cependant, pour l'accepter, il faut le connaître, il faut se l'approprier, l'apprivoiser. Pour cela, osez vous regarder, prendre le temps de vous détailler, et pas « vite fait », en passant le matin devant ce miroir : arrêtez-vous et dites-vous : « Oui je suis belle, entièrement. »

Cela fait quelques années que je m'arrête devant mon miroir et que je me regarde, que j'apprends à apprécier ce corps imparfait qui est le mien. Et puis, d'abord, imparfait selon quels critères, encore ?

Tout simplement ceux que la société nous impose, encore. Que voyez-vous quand vous vous regardez ? Qui voyez-vous ? Une femme qui a du mal à accepter les signes du temps qui passe ? Ou une femme qui accepte ses petits défauts, ceux qui font qu'elle est elle-même, justement, et personne d'autre ?

Je vais vous donner un petit exercice quotidien à faire – uniquement si vous en avez envie, bien sûr – qui va vous permettre de réapprendre à aimer votre corps en vous reconnectant à vos sensations. Cela se passe sous la douche.

→ Fermez les yeux et laissez couler l'eau sur votre visage et votre corps, *sentez* l'eau couler, appréciez la pression, cette pluie fine ou ce jet plus puissant, et imaginez-vous sous une cascade.

→ Prenez un peu de savon, un savon que vous aimez, que vous avez choisi – bio et solide, c'est mieux pour notre planète et pour notre corps –, et passez vos mains sur votre corps en vous massant.

- Prenez conscience de vos sensations, de ce corps, prenez soin de vous en conscience, avec amour et tendresse, et redécouvrez ce corps de femme qui vous appartient et dont vous devez être fière, même s'il n'est plus celui de vos vingt printemps ! Prenez 5 minutes de plus s'il le faut, accordez-vous vraiment ce temps pour vous.
- Après ce doux massage, rincez-vous et laissez encore l'eau couler sur votre corps et écoutez le bruit qu'elle produit en ruisselant. Respirez tranquillement, et laissez passer les pensées sans vous arrêter sur aucune d'elles, reconnectez-vous à vos sens.

C'est pendant des petits moments comme votre douche quotidienne que vous pourrez redécouvrir ce corps qui vous soutient depuis de longues années et qui, certes, vous a parfois abandonnée ou vous a fait mal, mais qui est encore là et que vous devez absolument chérir.

Apprendre à aimer son corps, à s'accepter telle que l'on est, loin des diktats et des injonctions à la jeunesse et à la minceur, à l'esthétique inatteignable, c'est un courant qui fait de plus en plus de bruits de nos jours : la bodypositivité, *body positive* sur les réseaux anglophones.

Apprendre à s'aimer, c'est la plus grande des révolutions !

Le mouvement *body positive*

Il s'agit d'un mouvement social lancé en 1996 aux États-Unis par Connie Sobczak et Elizabeth Scott. Il prône l'acceptation de tous les types de corps humains et encourage la diversité et l'estime de soi. De nos jours, il est largement véhiculé sur Instagram, où des comptes encouragent à poster des photos réalistes des corps, notamment féminins, loin de la minceur, de la jeunesse, des peaux lisses et photoshoppées. Vous pouvez retrouver toutes ces publications sous le hashtag #bodypositive : une bonne dose d'inspiration et un shoot de confiance en soi !

Je fais partie de celles qui acceptent leur propre différence et celle des autres, et j'adhère à ce mouvement *body positive* à ma façon. Tout est une question de dosage et d'adaptation.

Embrasser la bodypositivité, c'est avant tout accepter que nous ne soyons pas toutes égales devant la vie ! Certaines sont grandes, d'autres petites, certaines sont minces, d'autres moins, mais qui a dit que certaines de ces caractéristiques, mises ensemble, seraient plus gracieuses que d'autres ? Encore des stéréotypes imposés par la société et les médias.

Ce sont les images que l'on nous renvoie sans cesse qui nous impriment ces exigences dans la tête, c'est la raison pour laquelle je ne peux plus les voir ni les accepter depuis longtemps ! On impose la minceur et, chaque printemps, tous les magazines dits « féminins » nous inondent de phrases qui nous renvoient à ces diktats et nous incitent à haïr nos corps tels qu'ils sont, à envier des corps irréalistes. Dans la vraie vie, boire de la soupe de choux pendant une semaine ne résoudra aucun de vos problèmes, et surtout pas sur le long terme !

Avant tout, il faut arrêter de prendre nos kilos, nos courbes, nos ventres, nos cuisses, nos bras pour des problèmes. Et si nous nous sentions bien, justement, avec ces kilos qui nous appartiennent, qui sont *nous* ? Si nous apprenions à dire « non », ou plutôt : « Oui, je suis belle telle que je suis ! Et jamais je ne répondrai à cet appel à la minceur ou au jeunisme parce que l'on me dit que c'est beau ! *Qui* l'a dit ? »

Ma bodypositivité

Comme vous le savez, j'ai 60 ans, je suis sexygénaire et j'assume ma féminité sous toutes ses formes. Mon visage n'est plus lisse, le temps y a imprimé sa marque, et donc ma peau exprime ma vie.

La seule chose que j'ai touchée sur mon visage, c'est mon nez, j'avais 18 ans. Enfant, vers mes 5 ans, j'ai reçu une balançoire dans le nez et depuis, j'avais une bosse. Je ne sais pas pourquoi mon père m'avait toujours dit, depuis mon adolescence, que je le ferais refaire pour enlever cette bosse disgracieuse, je me suis donc exécutée dès que j'ai pu. Mais pour qui l'ai-je fait, en réalité ? Je n'ai jamais regretté cette opération, mais j'aurais aimé qu'elle me laisse davantage un goût de choix que d'obligation. C'est la seule chose que j'ai touchée. Pourtant, mon corps est loin d'être parfait, si tant est que la perfection existe !

Quand je me regarde dans la glace chaque matin, quand je regarde ce corps de femme mûre, eh bien, je le trouve beau. Il a porté deux enfants, il a traversé des passages difficiles, il a craqué, parfois, mais il m'a toujours supportée. Je connais toutes ses petites imperfections par cœur et je vais vous les souligner et vous les montrer, pour que vous sachiez que nous sommes toutes des femmes, et que *toutes* les femmes sont belles ! Et je vous invite à faire de même la prochaine fois que vous croiserez votre reflet.

Mon intention ici est de vous montrer que j'ose me montrer, montrer mon corps, pour qu'à travers ces images, vous puissiez vous sentir mieux avec votre corps, et donc, petit à petit, avec vous-même.

Mes imperfections sont ma perfection !

Oui, mon décolleté a pris lui aussi quelques rides et beaucoup de taches, particulièrement visibles lorsque je me penche en avant. D'ailleurs, je le nourris comme mon visage, pour que ma peau soit souple et reçoive ce qui lui manque. Mes seins ? Ils ont toujours fait ma fierté – j'espère que je vous fais sourire en lisant ça – et la gent masculine les apprécie ! Il faut dire que je les mets souvent en valeur, même maintenant. Ils m'ont permis d'allaiter mes deux merveilleux enfants ! Certes, la loi de la pesanteur les a fait descendre de quelques centimètres, mais ils sont à moi et j'aime les toucher et les sentir.

Je sais que cette affirmation peut en blesser certaines qui, touchées par la maladie, ont dû subir une mastectomie. Il est vrai qu'ici, je mets mes seins « imparfaits » en valeur, pour vous montrer qu'il faut les accepter et les aimer tels qu'ils sont mais, seins ou absence de seins, toutes les poitrines méritent d'être chéries et soignées ! Certes, nos seins sont un symbole traditionnel de la féminité, mais est-ce que l'on n'est pas aussi là pour envoyer paître ces notions de féminité, toutes ces images qui nous disent ce à quoi une femme est censée ressembler ?

Avec ou sans seins, vous êtes femme et belle ! Seins naturels ou prothèses, vous êtes femme et belle ! Aimez-vous. Et si cela vous est difficile après l'opération, n'hésitez jamais à demander un accompagnement psychologique. N'ayez pas peur et poussez la porte d'un·e psychologue, sophrologue ou toute autre personne qui peut vous aider pour vivre mieux avec votre nouveau corps.

Je descends un peu, mon regard se pose sur mon ventre, ce ventre qui m'a permis de donner la vie. Je suis obligée de faire une petite parenthèse avant de continuer à regarder mon corps dans le miroir : je n'ai jamais rien vécu de plus beau que d'être enceinte et donner la vie. Savoir qu'un petit être humain est en train de se former dans mon ventre, qu'un spermatozoïde et un ovule vont former le zygote, l'œuf fécondé, que celui-ci va devenir un être humain à part entière, c'est la plus belle réussite de la vie sur Terre ! Quand j'y pense, je suis presque toujours sans voix : mais quelle merveille, c'est incroyable !

Alors oui, mon ventre, eh bien, on ne peut pas dire que ce soit le ventre dont j'aurais rêvé plus jeune mais, là encore, il m'appartient, je le masse et j'en prends soin. Ne dit-on pas que notre ventre est notre deuxième cerveau ? Alors, prenons-en soin, même si, parfois, il nous donne du fil à retordre. J'ai de la graisse sur le ventre. Quand je m'assois, cela fait deux petits bourrelets, et ce malgré le Pilates et le yoga, quelques abdos et la planche. Il reste toujours cet amas graisseux, mais comme disait ma fille quand elle était plus petite : « C'est doux et trop moelleux, Moumoune. » Que vous choisissiez d'avoir des enfants ou non, votre ventre est l'un des endroits les plus importants de votre corps, sa santé dirige tellement d'éléments de nos vies, alors prenez-en soin et aimez-le comme il le mérite. Après tout, c'est lui qui nous permet de nous nourrir, d'être en bonne santé et pleine d'énergie ; c'est dans notre ventre que sont situés les muscles qui nous permettent de nous tenir debout et de faire toutes nos activités quotidiennes, des plus banales aux plus extraordinaires ; et puis, comme je l'ai dit, c'est là aussi que se passe le miracle de la vie si la maternité fait partie de vos envies…

Mes bras, houla ! Un dur passage à la réalité du temps qui passe… Ils sont mous, ça pend un peu en dessous, et en plus, j'ai aussi de la cellulite à cet endroit. Et pourtant, je porte encore des débardeurs et je les montre ! J'ai essayé quelques crèmes soi-disant raffermissantes, mais que nenni, rien à faire : ils restent les mêmes. Cela dit, je vous avoue qu'aller à la salle pour faire des machines rien que pour les bras, je dis non ! Je déteste ! Donc je me satisfais pleinement de mes bras.

Mes cuisses sont des « bonnes cuisses », comme disait mon père, avec du muscle quand même, car je marche beaucoup et que je fais du Pilates, du yoga et un peu de renforcement musculaire, mais le tout bien recouvert par la cellulite et le manque de fermeté. Mes mollets sont fermes et muscles avec toute la marche que je fais. Mes pieds, je les aime, même si j'ai toujours trouvé qu'un pied, c'est moche. Il n'y avait bien que mes amoureux pour les trouver beaux. Tout ça est imparfait mais, mes jambes, je les aime ! Elles me permettent de faire des kilomètres et des kilomètres, de courir, de porter, bref, de vivre.

Je voudrais bien me retourner, mais j'ai mal au cou, j'ai beaucoup d'arthrose. Ah bon, vous aussi ? C'est compliqué de tout bien voir, ainsi. Profitez-en pour ignorer ce que vous n'aimez pas ! Plus sérieusement, vous le voyez, j'ai des plis au niveau de la taille, dans le dos, et mes fesses ont bien, elles aussi, de la cellulite ! Mais j'aime aussi tout cela, et je sais qu'à part moi, tout le monde s'en fiche, donc, peu à peu, j'apprends à m'en ficher aussi.

Voilà mon corps, tel qu'il est. Vous avez bien compris que le regard des autres ne m'impactait plus. Mon corps m'appartient et je l'aime comme il est. La vie est beaucoup trop courte pour que l'on passe son temps à se faire la guerre à soi-même !

Pour un mannequinat qui bouscule les codes

Figurez-vous qu'en 2019, j'ai défilé au salon de la lingerie en maillot de bain ! Depuis deux ans, les organisateurs de ce salon, bien en avance sur certaines marques, ont décidé d'inviter une vingtaine de femmes aux physiques très variés à défiler pour prôner la bodypositivité, montrer la diversité et, surtout, crier à la société que toutes les femmes sont belles et qu'il n'y a pas de critères du corps « parfait ».

Même si je fais 1,72 mètre et 75 kilos, 100 C de tour de poitrine, 104 centimètres de tour de hanches et 88 centimètres de tour de taille, les organisateurs de ce salon de la lingerie m'ont appelée pour me proposer de faire ce défilé de lingerie en tant que mannequin officielle. Quelles n'ont pas été ma surprise et ma joie ! Penser qu'enfin, certaines personnes osent sortir de ces diktats ! Et puis, parvenir à assumer ce nouveau challenge de défiler en lingerie devant des pros et en étant rémunérée pour ça, ce n'était pas non plus facile pour moi. Comme quoi, tout est possible, croyez en vous !

C'était magnifique de fouler le *catwalk* et, pour la première fois de ma vie, d'être applaudie parce que j'étais différente... C'est fou, non ? Les gens ne s'attendaient pas à voir défiler une femme comme moi !

Imaginez, jusqu'en 2020, le *catwalk* était uniquement réservé à des mannequins avec un physique de mannequin, c'est-à-dire minces, voire très minces, et grandes ! Alors, forcément, le fait qu'enfin, les marques acceptent qu'une femme comme moi, c'est-à-dire normale, foule le podium avec les autres jeunes et – tout aussi – magnifiques femmes, et que toutes ces mannequins aux corps variés se soutiennent, c'était incroyable ! Je ne remercierais d'ailleurs jamais assez Virginie Toc, cette chorégraphe reconnue dans le milieu, de m'avoir choisie et fait confiance.

Pendant l'essayage, le jour précédant l'ouverture du salon, j'ai pris conscience du pouvoir que cette opportunité me donnait de prôner cette diversité dans un milieu qui n'est pas encore tout à fait ouvert à ce genre de choses, ce ne sont que les prémices. Me mettre à nu ou presque, enfiler culotte, soutien-gorge, body – un peu trop juste pour moi d'ailleurs, car les tailles standards ne sont pas du 42/44 mais plutôt du 36/38 –, ce n'était pas facile. Malgré tout, je les ai mis et j'y suis allée, avec cette petite angoisse de la nouvelle expérience, mais surtout avec une douce rage qui m'a portée pendant ces cinq jours merveilleux !

Qui aurait pensé un jour que je foulerais le *catwalk* l'année de mes 60 ans, avec mon corps que j'aime mais qui n'est pas celui que l'on attendrait ? Lorsque mon tour est venu et que je suis arrivée, la tête haute et le regard bien droit, je gardais en tête le message que j'avais envie d'envoyer et tentais de le transmettre par mon allure. Je portais l'étendard de la liberté des femmes de tous les âges, de la diversité, de tous les corps ! Et la récompense dans tout ça, ce furent les applaudissements du public. C'était drôle, car les jeunes mannequins m'ont demandé : « Mais pourquoi ils t'applaudissent et pas nous ? »

Eh bien, tout simplement parce qu'ils en ont peut-être assez de voir ces corps irréalistes, tous les mêmes, collant à certains critères, et qu'ils ont envie de voir une diversité d'âges, de couleurs, d'esprits, du *body positive* !

Le XXIe siècle devrait commencer à se réveiller, à comprendre que les choses bougent – et très vite ! –, et qu'il faudrait peut-être changer son fusil d'épaule pour se mettre à la page : le futur arrive. Quant à moi, j'ai adoré ! J'en veux encore…

The All Sizes Catwalk

Autour du *bodypositive*, plein de mouvements se sont créés, dans différents pays et, en France, celui auquel je participe depuis deux ans est *The All Sizes Catwalk*. En avez-vous entendu parler ? Ce sont également des défilés auxquels participent des personnes diverses et variées, sauf que cela se passe dans la rue !

Une jeune femme, Georgia, hôtesse de l'air et qui, par conséquent, voyage beaucoup, avait découvert que dans d'autres pays, des femmes de tous horizons, avec des corps complètement différents de l'une à l'autre, défilaient dans la rue en sous-vêtements pour casser les codes. Elle a eu envie de lancer ça en France, et j'ai fait partie de ces défilés !

Imaginez 100 femmes et 4 hommes en lingerie, place Stravinsky à Paris, comme une sorte de flash mob. En 2019, toutes et tous en robe noire, nous sommes arrivé·e·s en file indienne sur la place Stravinsky à Paris et, une à une, un à un, nous avons enlevé notre robe pour défiler en lingerie devant un public certes surpris, mais en folie !

Quelle expérience ! Une que je voudrais réitérer de nombreuses fois. J'accompagnerai toujours Georgia et je recommencerai, encore et encore, pour revendiquer que les femmes silver existent, que nous sommes belles et sexy, et que, quoi que veuille notre société, nous ne nous laisserons pas invisibiliser. C'est la sexygénaire attitude !

Depuis quelques années, ces mouvements fleurissent partout. En 2020, l'histoire s'est réitérée, avec deux fois plus de personnes : ce ne sont pas 100 femmes et hommes qui ont participé, mais plus de 200 ! Bien sûr, j'en étais aussi, et je vous avoue que j'aimerais bien aller participer à d'autres défilés *body positive* dans d'autres pays, pour aider toutes les femmes, partout dans le monde, à prendre la place qui leur revient et à sortir des diktats ! Ça viendra, je le sais, je le sens.

C'est ça aussi, mon combat quotidien : être la plus présente possible sur des événements tels que ceux-ci pour montrer que nous existons ! Acceptons-nous telles que nous sommes, et sortons toutes ensemble pour le prouver.

Quelques conseils nutrition, ou comment apporter de bonnes choses à votre organisme

Pour avoir un corps dans lequel on se sent bien et que l'on aime, il faut le nourrir et *bien* le nourrir : ne pas trop abuser et avoir une alimentation équilibrée est important pour votre bien-être, peu importe votre poids.

Je ne vais pas vous faire un cours de nutrition, je ne suis pas nutritionniste ni diététicienne. Je vais simplement parler de ce que j'aime, ce qui me fait du bien, et qui pourrait aussi vous faire du bien.

Éviter les craquages

On entend depuis des années que le sucre n'est pas bon pour la santé, surtout les sucres transformés que l'on trouve un peu partout, et notamment dans les biscuits, snacks et autres aliments « spécial craquage ». Malheureusement, je suis une accro au sucre ! J'adore la pâte à tartiner, c'est normal, nous avons presque toutes et tous été élevé·e·s avec l'omniprésence de ce délice dans nos placards. Un bon goûter était forcément accompagné d'une belle tranche de baguette sur laquelle était étalée cette crème au chocolat.

Un hiver, j'ai carrément eu une frénésie de chocolat pendant plus d'un mois ! C'est-à-dire que mon corps – ou mon cerveau, je ne sais plus lequel était le plus exigeant – me réclamait chaque jour ma dose de chocolat. Vous savez, un manque qui vous retourne la tête et le ventre, et qui vous entraîne jusqu'à votre placard ou même pire, à sortir pour aller en acheter. En plus, je me sentais coupable. Coupable, oui, le mot est un peu fort, mais c'est ce que je ressens quand je fais ce genre d'écarts de façon répétée plusieurs semaines de suite.

Évidemment, si cela arrive une fois de temps en temps, ou régulièrement mais en quantité raisonnable, j'ai envie de vous dire qu'il n'y a pas de mal à se faire du bien : après tout, on dit qu'un carré de chocolat noir par jour, c'est bon pour la santé ! Cependant, lorsque cela devient trop, trop souvent, c'est là qu'il faut dire stop, car ce n'est pas bon, ni pour notre pantalon que l'on n'arrivera plus à fermer – ce qui est délicat pour notre estime de soi malgré la lutte anti-diktats –, ni pour notre bien-être et notre santé.

Mais cette envie de chocolat me rend dingue, parfois ! C'est vraiment comme si elle appelait mon corps, malgré toute ma bonne volonté, alors j'ai fini par m'interroger : est-ce vraiment le goût du chocolat qui me rend folle ? Peut-être que mon corps cherche à me dire qu'il manque de quelque chose ? Et bingo ! Le chocolat est une très bonne source de magnésium. Alors, désormais, je prends du magnésium quotidiennement, et les fringales se sont calmées.

J'aime toujours autant le chocolat, et le sucre, ne vous méprenez pas, mais ça reste contrôlable. Maintenant, je m'en octroie une fois par semaine : un craquage en règle. Soit au cinéma avec un esquimau, soit le week-end avec mes gâteaux préférés, des bonbons ou du chocolat.

Essayez : lorsque vous ressentez une furieuse envie de manger quelque chose, demandez-vous si c'est pour le plaisir du goût de tel ou tel aliment, ou si c'est l'indice que votre corps manque d'un nutriment ! Il existe de nombreux tableaux sur Internet qui indiquent quelle fringale peut correspondre à quelle « carence », et qui donnent des équivalents sains.

Tips pour vous aider à vous sentir mieux dans votre corps grâce à la nourriture

Je sais qu'il n'est pas toujours évident de se préparer, midi et soir, un vrai repas équilibré. Personnellement, je n'y arrive pas toujours. Une solution que j'ai trouvée est de faire appel à une société qui livre des repas sains à domicile pour la semaine. J'ai souscrit à un service comme celui-ci pour trois semaines et ce fut un vrai plaisir de ne plus avoir à me demander ce que je pourrais manger, puis je me suis lassée. Pourtant, les plats étaient plutôt bons ! Ils représentaient certes très peu de calories – environ 1200 kcal pour l'option que j'avais choisie –, mais l'assiette restait quand même appétissante et volumineuse !

À ce moment-là, mon objectif était de perdre les deux kilos qui s'étaient installés sur mes fesses, mes cuisses, mon ventre, mes bras et le reste. Alors certes, ça a fonctionné, forcément, mais j'en ai surtout retiré la satisfaction de ne plus avoir à me demander ce que je pourrais cuisiner deux fois par jour, et la facilité de ne pas avoir à faire le choix de manger quelque chose de sain. On sait toutes combien, quand on a faim, prendre la décision de se cuisiner des légumes, un plat sain, pas trop copieux, est compliqué : on n'a qu'une envie, dévorer un plat nourrissant, rapide à cuisiner et réconfortant.

C'est aussi la raison pour laquelle l'hiver, il est beaucoup plus difficile de faire attention à notre alimentation : les jours sont courts, on ralentit, on a besoin de réconfort, et il fait plus froid donc on pense que l'on a besoin de plus de calories. Mais ça, ce n'est que dans notre tête pour nous rassurer face à nos écarts !

Je sais que, le week-end, je passe du temps devant un bon petit film à l'eau de rose ou une bonne série Netflix, et je les savoure encore plus s'ils sont accompagnés d'un bon thé et de quelques gâteaux ou de chocolat… Ça ne vous rappelle pas quelque chose ?

Néanmoins, il faut faire attention à sa nourriture au fil des années, car elle ne nous fait pas de cadeau. À la ménopause, les kilos viennent s'incruster de façon durable et il est de plus en plus compliqué de les perdre. Du coup, sans verser dans les extrêmes, voici quelques recettes et conseils pour ajuster votre alimentation et rester en bonne santé, sans trop vous compliquer la vie ni vous priver !

Zoom sur le sucre

Le sucre, c'est vraiment l'aliment à éviter si on veut garder un poids stable et une silhouette qui nous convient. Il paraît que l'arrêter permet même d'éviter quelques rides…

De nombreuses études ont été menées, et il en ressort qu'il est préférable de le bannir – dans la mesure du possible –, particulièrement le sucre blanc et raffiné, vide de tout nutriment, que l'on peut trouver dans les plats industriels, les bonbons et les gâteaux que l'on achète en grande surface. Dommage… c'est celui-là que j'adore !

À 45 ans, le métabolisme se transforme à cause de la périménopause puis de la ménopause et il réagit différemment. La baisse de production d'œstrogènes peut entraîner de grosses fringales et des envies de sucre insurmontables. Là est la cause de la prise de poids rapide que la plupart des sexygénaires connaissent, et notamment du stockage de la graisse autour de la taille, ce qui nous rend dingues ! Ce sont vite trois ou quatre kilos qui s'installent là où nous n'avions pas envie, bien sûr.

Le sucre est huit fois plus addictif que la cocaïne !

Si, malgré tous vos efforts, vous ne parvenez pas à accepter ce changement de votre silhouette, si vous vous sentez alourdie, ralentie, bref, si vous ressentez le besoin de perdre ces quelques kilos, arrêter le sucre est une solution ! Il est partout, même dans les nourritures salées, et ce n'est bon ni pour notre silhouette, ni pour notre santé, ni pour notre peau.

La solution, c'est de cuisiner un maximum vous-même, d'éviter les préparations et plats industriels et de faire la chasse aux desserts sucrés, aux craquages… Après, comme le sucre est quand même délicieux, on ne va pas se mentir, vous pouvez remplacer le sucre blanc raffiné pour d'autres options sucrées meilleures pour votre santé : sucre complet, sucre de coco, rapadura, muscovado, sirop d'érable et d'agave… Les options sont nombreuses !

Et puis, comme pour tout, le secret réside dans l'équilibre. On peut garder le chocolat noir, par exemple. Franchement, comme je vous l'ai dit, je n'en raffole pas : je préfère le chocolat au lait et le chocolat blanc, mais, bien sûr, ce sont les pires… Pourtant, c'est tellement exquis ! Je ne vais donc pas non plus arrêter de me faire plaisir et me frustrer complètement, ce serait pire que tout. Ce sont ces petits trucs qui font du bien au moral et qu'il faut impérativement préserver car, sans eux, la vie serait bien trop triste !

Je pense que l'on peut aussi mentionner tout ce chamboulement causé par l'arrivée de ce satané virus dans notre vie… S'il y a bien une période durant laquelle on a le droit de se faire plaisir sans culpabiliser, c'est bien celle-ci !

Finalement, l'essentiel, c'est de connaître votre poids de forme, ce nombre qui correspond généralement à un sentiment de bien-être, celui que vous pouvez tenir, aussi, sans pour autant vous priver et régler votre alimentation au gramme près. Il peut être un bon indicateur, si vous avez une balance. Personnellement, je connais mon poids de forme, celui autour duquel je me sens bien, qui reste stable sur une longue période, écarts compris. Et je sais aussi que si je vois l'aiguille de la balance le dépasser un peu trop, un peu trop souvent, c'est qu'il est temps de faire un peu plus attention à ce que je mange ! Souvent, il s'agit d'une période où je me suis fait un peu plus plaisir, et il est facile de tout de suite prendre conscience de là où j'abuse et de rectifier un peu le tir, sans me priver outre mesure !

Cela dit, pour les plus accros au sucre d'entre nous, une bonne période de désintox peut aussi faire beaucoup de bien, et vous aider à mieux réguler notre relation à cet aliment par la suite. Pour cela, je vous présente : le challenge *Sugar Free* !

Le challenge Sugar Free

Les règles :

→ pas de sucre (évidemment !) dans le thé, café… ;

→ pas de bonbons ;

→ pas de gâteaux ;

→ chocolat noir à plus de 80 % exclusivement ;

→ pas de pâtisseries ;

→ pas de viennoiseries ;

→ pas de glaces (les sorbets maison sans sucre ajouté sont autorisés) ;

→ pas de desserts ;

→ pas de soda et autres boissons sucrées (sirops…) ;

→ pas de jus de fruits (seulement des fruits entiers ou des smoothies, avec les fibres) ;

→ pas d'aliments transformés ;

→ pas de plats préparés industriels.

Vous pouvez faire une semaine *sugar free* régulièrement, ou bien un mois d'entrée de jeu si vous vous sentez l'âme d'une *warrior*. Sinon, je vous recommande d'étaler les étapes : enlevez un ou plusieurs éléments par semaine, dans l'ordre que vous voulez, puis tenez un mois *sugar free* quand vous aurez incorporé toutes les étapes ! Vous pouvez par exemple fonctionner par groupes : la première semaine, vous enlevez toutes les boissons sucrées, la deuxième, tous les desserts, etc. Un autre moyen d'aborder le challenge en douceur est de supprimer le sucre à l'un des repas à la fois, une semaine après l'autre.

Une fois le challenge fini, c'est l'occasion de faire le point sur ce qui vous a manqué ou non. Vous vous êtes déshabituée du sucre dans votre café ? Tant mieux ! Ne réincorporez dans votre alimentation – et toujours avec parcimonie – que ce qui vous a réellement manqué !

Si vous faites ce challenge rigoureusement pendant un mois, vous allez vite voir les résultats, autant sur votre bien-être physique que mental – et sur votre silhouette !

Commencez votre journée par un petit-déjeuner sain

Prenez-vous un bon petit-déjeuner ? Vous l'avez forcément déjà entendu tellement on nous le répète : c'est le repas le plus important de la journée ! En effet, il vous donne l'énergie pour un bon départ, qui va vous permettre d'être active, énergique et de bonne humeur toute la journée. Si, en général, vous n'avez pas faim le matin, ne vous forcez pas : votre corps sait ce dont il a besoin. Cependant, c'est souvent parce que l'on a mangé plus que ce dont le corps avait besoin la veille au soir : vous n'avez dépensé que très peu d'énergie pendant votre sommeil, votre corps n'a donc pas l'impression d'avoir besoin d'un boost de bon matin ! Essayez de réduire votre apport le soir, si cela réveille votre estomac au petit matin. Bien sûr, si manger le matin continue de vous rebuter, n'hésitez pas à passer directement à la partie suivante – non sans avoir pensé à recommander ma super recette à vos proches !

Si le petit-déjeuner, c'est votre truc, je vous propose de vous préparer chaque matin un délicieux et très complet petit-déjeuner « sans sucre ajouté » : le Miam-Ô-Fruits !

La gourmandise surgit quand on n'a plus faim.

« Qu'est-ce que c'est, encore ? », allez-vous peut-être vous demander. Eh bien, c'est une excellente recette créée par une femme merveilleuse : France Guillain, écrivaine, journaliste et conférencière célèbre, autrice et créatrice de La Méthode France Guillain[4]. Elle a mis au point cette manière de manger qui comporte tous les éléments nécessaires pour bien commencer une journée. Cela dit, vous pouvez aussi déguster ce Miam-Ô-Fruits lors d'un autre repas. Le principal est de le préparer avec amour et de le manger tranquillement en mastiquant bien et doucement, 30 minutes minimum !

Cela fait quelques mois que je déguste le Miam-Ô-Fruits tous les matins et je me sens déjà beaucoup mieux et en forme : il me booste ! Et si, parfois, je n'ai pas le temps de le prendre le matin, je m'en fais un le midi ou le soir.

Le Miam-Ô-Fruits

- ½ **banane** bien écrasée à la fourchette.
- 2 c. à s. d'**huile de colza bio** ou 1 c. à c. d'huile de lin + 1 c. à s. d'huile de sésame crue non toastée. Bien émulsionner.
- 1 c. à s. de **graines de lin** broyées finement.
- 1 c. à s. de **graines de sésame** broyées finement.
- 1 c. à s. d'un mélange de **3 autres oléagineux broyés**.
- 2 c. à c. de **jus de citron frais**.
- Plusieurs **fruits différents**, frais, locaux et surtout de saison, coupés en morceaux. Attention, pas d'agrumes !

4 Vous retrouverez la recette du Miam-Ô-Fruits ainsi que d'autres informations sur l'autrice sur le site Internet de La Méthode France Guillain : www.bainsderivatifs.fr/portfolio-item/miam-o-fruit, ou dans l'un de ses ouvrages : *La Méthode France Guillain* (2015, 1re éd. 2005) et *Le Miam-Ô-Fruits* (2012), parus aux éditions du Rocher.

Dans la mesure du possible, utiliser exclusivement des aliments (surtout pour les fruits) bio. Les huiles devraient être vierges et pressées à froid.

Après ce délicieux petit-déjeuner, vous voilà prête pour la douche et à prendre soin de votre joli visage et de votre corps[5] !

Le jeûne intermittent : approche holistique et yogiste

Si vous faites partie de celles qui n'aiment pas petit-déjeuner, voici une autre pratique qui améliorera votre état général et fera du bien à votre corps : le jeûne intermittent. Je le pratique régulièrement depuis un an. Le jeûne intermittent est devenu, lui aussi, très tendance depuis quelques années. Ses principes sont simples mais, attention, il ne doit pas être pratiqué n'importe comment. Surtout, il faut être en bonne santé : demandez conseil à votre médecin avant de vous lancer.

Le jeûne intermittent est un jeûne quotidien. Chaque jour, pendant plusieurs heures, seules les boissons sans calories, comme le thé ou l'eau, peuvent être consommées. Cela permet de soulager un peu le système digestif. En effet, nous avons tendance à manger en permanence, sans jamais laisser notre organisme au repos. Être à jeun soulage notre système digestif, mais cela permet également à notre corps de se nettoyer et d'éliminer toutes les toxines accumulées provenant de notre alimentation.

L'autre avantage du jeûne intermittent, c'est qu'il ne s'agit pas d'un régime et que l'on ne se prive pas, on réapprend à bien manger.

Il suffit de trouver le bon rythme. Vous déterminez une durée de jeûne, en général entre 12 et 16 heures, ainsi que le moment de la journée pendant lequel vous l'appliquerez, et voilà !

Par exemple, depuis plusieurs mois, voici comment je fonctionne. J'ai choisi une durée de 16 heures, dont la nuit. Mon dernier repas de la journée se termine vers 20 heures, il me faut donc attendre le lendemain midi pour briser ce jeûne. Par conséquent, je mange ce dont j'ai besoin sur les 8 heures restantes.

5 Voir p. 31 (Mon rituel quotidien).

Une fois le principe posé, c'est vous qui décidez de la répartition de vos apports en nourriture. Vous pouvez faire deux gros repas, ou trois plus petits, selon vos envies et votre faim. Attention cependant, il se peut que vous ayez très faim à la sortie de votre période de jeûne, mais ne vous jetez pas pour autant sur un gros plat riche et très copieux. Tout d'abord, votre système digestif aura du mal à l'assimiler après cette période de tranquillité, vous risquez donc de souffrir de fatigue et de ballonnements mais, en plus, vous risquez d'engloutir plus que ce dont votre corps a besoin, et donc de prendre du poids !

D'après certaines études, les femmes pourraient moins bien supporter le jeûne intermittent que les hommes. Je vous recommande donc de commencer par un jeûne de 12 ou 14 heures pour voir comment votre corps réagit, puis d'augmenter progressivement la durée si cela vous dit.

Parce que c'est un jeûne quotidien et relativement de courte durée, le jeune intermittent diffère largement de la pratique qui consiste à jeûner plusieurs jours de suite, pour laquelle il faut impérativement être accompagnée sur le plan médical. Je n'ai jamais essayé le jeûne de 5 ou 6 jours, pendant lequel on ne mange que des bouillons de légumes et on marche pendant des heures, mais c'est quelque chose qui me trotte dans la tête. Cependant, je trouve que certains ateliers organisés sont excessivement chers pour ne rien manger et marcher toute la journée, le ventre vide !

J'ai des copines qui le font régulièrement, une fois par an, et elles adorent, sauf que voici le résultat… Forcément, elles reprennent les kilos qu'elles ont perdus pendant le jeûne dès qu'elles se remettent à manger – ce qui est tout à fait normal –, et le fait de faire ça régulièrement entraîne un effet yoyo sur les années, qui lui-même finit par avoir des conséquences : les kilos s'installent et, surtout, augmentent ! Comme pour tout dans la vie, finalement, on doit savoir doser le jeûne.

Dernière parenthèse avant de changer de sujet : le jeûne serait une méthode simple et efficace pour traiter de nombreuses maladies ! En 1880, un Américain, le Dr Henry Tanner, jeûna pendant 40 jours, sous la surveillance, bien sûr, d'amis confrères, afin de l'étudier. Les résultats furent extraordinaires ! Depuis cette époque, les études sur le jeûne se sont multipliées, avec des résultats très variables, mais la conclusion semble tout de même positive, notamment concernant la lutte contre le cancer. Certains chercheurs expérimentent le jeûne sur des souris atteintes de cancer, et il semblerait que les résultats soient édifiants !

Mais je ne suis pas une experte, si vous souhaitez en savoir davantage, il existe de nombreux livres à ce sujet.

Ne vous focalisez plus sur votre balance

Vous l'avez compris, je me suis aperçue à mon grand regret – et je vous dis ça avec un léger sourire –, qu'avec la ménopause qui m'a attrapée il y a quelques années, ce qui passait avant ne passe plus maintenant ! Ah bon, pour vous aussi ? C'est réellement dommage mais il est beaucoup plus difficile à partir de 50 ans de perdre un kilo que d'en prendre trois en une semaine ! Et on a beau prôner la bienveillance et dénoncer les diktats de la minceur, prendre beaucoup de poids en peu de temps, toutes considérations esthétiques mises à part, ça ne nous fait pas du bien !

Je ne suis pas une adepte des régimes mais, comme presque toutes les femmes de notre société, j'ai dû en faire au moins quatre ou cinq dans ma vie. Le dernier date de 2019, pour tenter de chasser les quelques kilos que j'avais pris pendant l'hiver. Je sais donc ce que vous vivez.

Pourtant, il y a une chose que je dois vous dire avant de clore ce chapitre sur la nutrition : ne vous focalisez pas sur la balance ! Vous pouvez vous peser de temps en temps histoire de surveiller de loin votre poids, si c'est une habitude que vous avez, mais le meilleur indicateur, c'est votre ressenti ! Vous sentez-vous bien dans votre corps, dans votre ventre, à l'aise pour faire vos activités de tous les jours, confortable dans vos vêtements ? C'est ça, votre objectif, pas de coller à un diktat minceur inatteignable après la ménopause. Cela dit, attention avec le dernier indicateur : de nos jours, les vêtements sont de plus en plus stretch, et on ne s'aperçoit pas forcément que l'on a pris quelques kilos, tranquillement mais sûrement. On se dit juste : « C'est bizarre, mon jean a dû rétrécir au sèche-linge… » Il a bon dos, le sèche-linge !

Bien sûr, vous pouvez vous peser de temps en temps si cela vous rassure, je sais que beaucoup d'entre nous en ont l'habitude. Mais ne soyez pas catastrophée à la moindre prise ou perte de poids : ce qui compte, c'est votre bien-être et votre santé.

Puisque le plaisir, c'est capital, je termine cette partie par une recette plaisir, justement : celle de mon gâteau au chocolat qui me suit depuis mes 20 ans et qui a toujours reçu le même franc succès.

You get what you work for not what you wish for !*

* Vous obtenez ce pour quoi vous travaillez, pas ce que vous espérez !

Mon gâteau au chocolat

Ingrédients :

→ 4 œufs ;
→ 125 g de beurre ;
→ 250 g de sucre (brun de préférence) ;
→ 125 g de farine ;
→ 1 plaquette de chocolat et demie (soit environ 250 g).

Attention : si vous utilisez du sucre complet, de coco, etc., ils ont tendance à avoir un plus fort pouvoir sucrant, vous pouvez donc réduire la quantité !

Préchauffez le four à 170 °C.

Faites fondre doucement le beurre et le chocolat, au bain-marie ou au micro-ondes.

Pendant ce temps, mélangez les œufs avec la farine et le sucre.

Incorporez le beurre et le chocolat au mélange et mixez le tout avant de le verser dans un moule.

Faites cuire environ 20 minutes. Selon votre goût, si vous l'aimez moelleux ou un peu plus cuit, ajustez le temps de cuisson.
C'est la variable qui garantira – ou pas – votre succès !

Régalez-vous !

Bougez !

Vous savez comme moi et vous sentez sûrement aussi chaque matin que notre corps nous supporte, mais qu'il a besoin d'aide de notre part. Il faut donc en prendre soin, le chouchouter, mais aussi lui lancer des défis, se lancer des défis !

Bien sûr, il n'est pas question de courir un marathon alors que vous n'avez jamais couru de votre vie et que vous n'aimez pas ça. Vous seriez sûre de courir – littéralement – à la catastrophe, et de vous faire mal…

Par contre, pourquoi ne pas commencer la journée en douceur ? Voici un autre de mes essentiels du matin, qui n'est pas encore du sport, mais qui va me permettre de réveiller mon corps : m'étirer.

Je ne sais pas si vous êtes comme moi, mais cela fait longtemps que je dors seule et que je m'étale dans mon lit, que je tourne, me retourne, me recroqueville, n'arrive pas à trouver ma position. Parfois même, pendant la nuit, je change de côté et me mets tête-bêche ! Vous imaginez qu'avec ce que je fais subir à mon pauvre corps durant la nuit, je ne lui laisse aucun repos ou presque. Alors le matin, je m'étire, tel un chat, et je pense que chacun et chacune devrait faire de même avant de poser un pied par terre. Être un peu paresseuse pendant quelques minutes et sentir son corps qui se réveille en douceur, parfois encore un peu endolori de la nuit mouvementée que l'on a pu avoir, seule ou accompagnée ! Étirez-vous de la tête aux orteils, remuez vos articulations, doucement, sans vous faire mal.

Personnellement, depuis quelques années, j'ai de l'arthrose dans des endroits pas très agréables et je vous avoue que, même après ces quelques étirements, quand je me lève, j'ai parfois l'impression d'avoir 95 ans ! Un peu courbée, les mains sur le bas du dos que je masse doucement… vous voyez le tableau. Mes cervicales ainsi que mes genoux sont impactés par cette vilaine arthrose et, malheureusement, il existe peu de remèdes pour pallier cette douleur, à part le sport.

En effet, il faut continuer à bouger et s'entretenir, parfois même quand on a mal. Alors, certaines sont sûrement très sportives mais si vous êtes comme moi, je vais vous parler de ce que je fais depuis maintenant trois ans.

Pilates is my therapy.*

Le Pilates

J'ai toujours fait beaucoup de danse. Danse classique toute petite, je pense que c'était un passage obligatoire – je l'ai même transmis à ma fille qui en a fait aussi jusqu'à ses 18 ans –, ensuite, je suis passée au modern jazz, puis à la danse africaine et, pour finir, à la salsa. Je peux donc dire que j'ai beaucoup bougé mon corps. Je ne peux pas affirmer que j'étais une vraie sportive mais, en tout cas, je prenais du plaisir dans des activités qui me ressemblaient et, surtout, qui m'amusaient. Et puis, j'en ai eu assez, j'ai tout arrêté pendant trois ou quatre ans.

Forcément, cela a eu des conséquences. Alors, il y a trois ans, avec mes maux quotidiens qui s'accentuaient, j'ai eu envie de me reconnecter à mon corps. Une nouvelle salle de sport avait ouvert dans ma ville, j'y suis donc allée, j'avais envie de faire du bien à mon corps endolori. Cependant, je ne voulais que de la douceur, pas de machines sur lesquelles on s'éreinte et on se fait mal, ni trop de cardio que je déteste. Je sais pourtant que l'on doit aussi entraîner son cœur, ce muscle qui nous fait vivre !

J'avais entendu parler du Pilates et, pour mon plus grand bonheur, la salle proposait des cours ! Vous connaissez, j'imagine, car c'est très tendance depuis quelques années, comme le yoga.

J'y suis allée doucement et, malgré l'impression de ne pas faire de mouvements très compliqués et toujours en douceur, j'avais des courbatures dans tout le corps. J'ai eu envie d'associer à ça de l'étirement, avec le *stretching* – excellent en complément de tous les sports, d'ailleurs.

Grâce à ça, mon corps a regagné petit à petit en énergie, en tonicité, je me suis sentie me remuscler de l'intérieur. En effet, le Pilates exerce les muscles profonds, dont le transverse, l'un des muscles stabilisateurs de notre corps qui nous permet entre autres de nous tenir plus droit !

Le Pilates a été une vraie révélation pour moi, c'est devenu un besoin ! Comme je suis excessive, j'y allais cinq à six fois par semaine au début et, en sortant, je me sentais légère comme une plume. Maintenant, j'ai réduit à trois fois, minimum.

Bien sûr, le Pilates ne fait pas perdre de poids mais, en renforçant vos muscles profonds, il va vous apporter une meilleure résistance à l'effort, une meilleure posture et, par conséquent, une meilleure santé physique. Par rebond, il améliore votre santé mentale également : il permet de réduire les niveaux d'anxiété, de lutter contre les états dépressifs, d'améliorer votre confiance en vous…

Je ne vous dis pas que mon arthrose a disparu, ce serait vous mentir mais, maintenant, je sais faire quelques mouvements d'épaules et du cou tout

* Le Pilates, c'est ma thérapie.

en douceur chaque jour pour me réaligner et largement réduire les douleurs. Ce sont de petites choses très simples. Par exemple, dans la position assise, il s'agit d'enrouler les épaules délicatement vers l'arrière.

Le yoga

Et puis, le yoga est arrivé dans ma vie ! Je pensais que ce serait très bien pour calmer ma tempête intérieure. Je ne sais pas si c'est la même chose pour vous, mais j'ai besoin d'être connectée avec la ou le professeur·e pour apprécier le cours. Depuis que j'ai enfin trouvé mon maître, lorsque je sors d'une séance de yoga, je sens mon sang qui a circulé du sommet de mon crâne jusque dans mes pieds, et cela fait tellement de bien, comme s'il s'était renouvelé !

Et la salutation au soleil, quel bonheur, rien que le nom me ravit ! Lorsqu'on la fait plusieurs fois de suite, le rythme cardiaque s'accélère, on sent une chaleur nous envahir. J'aime ça et, souvent, je m'imagine sur la plage en train de l'effectuer ! C'est aussi très intéressant de se projeter dans un autre endroit.

À bientôt en Savasana !

La respiration est essentielle dans le yoga et, si l'on ne respire pas correctement, on ne peut pas bien pratiquer. Ça s'apprend aussi.

Je pense que nous ne savons pas respirer, enfin, je m'entends, respirer de façon

à bien s'oxygéner lorsque l'on fait du sport. Inspirer par le nez et expirer par la bouche, depuis le fond de la gorge : c'est la respiration yoga pour réussir les différentes postures !

Le chien tête en bas est l'une des postures principales, de celles que l'on apprend au début. C'est une posture qui permet à notre sang d'affluer jusqu'au cerveau et de mieux l'oxygéner, en plus d'étirer et d'assouplir les hanches, les jambes, le dos et les épaules. Bref, c'est *la* posture qui fait tout !

À un moment, j'ai eu envie de devenir professeure de yoga – après tout, il n'y a pas d'âge – mais j'avoue que je n'envisageais ça qu'en allant passer plusieurs mois en Inde pour apprendre, ce qui était compliqué : je ne me voyais absolument pas suivre des cours à Paris ! Cela me semblait à l'opposé de l'aspect spirituel et de connexion que le yoga représente à mes yeux. Et finalement, je suis devenue influenceuse.

Même si la période actuelle, avec la crise sanitaire, n'est pas propice à une inscription en salle ou à des cours, des solutions existent si vous avez envie de vous y mettre tout de suite ! De nombreuses applications et chaînes YouTube proposent des cours, et des professeur·e·s de yoga continuent d'assurer des séances en visio. Durant les deux confinements, ma prof de yoga, Aurélie, a continué à donner ses cours par Zoom, et c'était vraiment génial !

Voyez le yoga comme un rendez-vous important avec vous-même !

Parlons sommeil

Notre sommeil est lui aussi bouleversé au fur et à mesure que nous avançons en âge, particulièrement au moment de la ménopause. Le dérèglement interne que nous subissons nous apporte des nuits agitées, et les insomnies commencent à les envahir. Nos nuits sont-elles plus belles que nos jours ?

Ce phénomène peut être très traumatisant et mauvais pour notre santé, car un sommeil réparateur permet à notre cerveau de se ressourcer, et à notre corps d'être plus en forme pour affronter la nouvelle journée qui s'annonce. Les insomnies, au contraire, ont un impact direct sur notre santé mentale et physique. En plus d'une fatigue handicapante, elles peuvent être la source de douleurs, de morosité et d'un vieillissement accéléré de nos cellules.

Il m'est difficile de vous donner des solutions miraculeuses pour récupérer un bon sommeil, car j'ai moi-même un sommeil capricieux et pas toujours réparateur, malgré mes efforts. Je peux cependant vous donner quelques astuces qui ont tout de même amélioré mes nuits et mon état de fatigue.

Dans un premier temps, je vous dirai de faire, si vous le pouvez, des microsiestes réparatrices de 15 minutes après le déjeuner ou dans la journée. Ensuite, bannissez les écrans de votre chambre : pas de télévision, d'ordinateur ou de smartphone. En effet, ces derniers sont les ennemis n° 1 d'un bon sommeil à cause de la lumière bleue qu'ils diffusent et qui empêche la production des hormones de l'endormissement, la mélatonine notamment. Personnellement, j'ai récupéré une chambre depuis peu et je n'ai pas eu envie d'y mettre un téléviseur.

J'ai cependant encore mon téléphone à mon chevet, alors que je devrais le laisser dans le salon, mais c'est une encore une chose sur laquelle je travaille depuis quelques mois.

Pour faciliter l'endormissement et améliorer la qualité du sommeil, je peux vous recommander quelques plantes qui font leur petit effet et n'entraînent aucune accoutumance, notamment le tilleul, la valériane… Il existe également certaines préparations naturelles à base de mélatonine, l'hormone du sommeil, qui peuvent être prises de façon ponctuelle. Vous pouvez consommer ces remèdes naturels sous forme de tisanes, de gélules ou d'huiles essentielles. Il existe notamment des synergies d'huiles que vous pouvez mélanger dans un diffuseur, que vous pouvez allumer quelques minutes avant d'aller vous coucher et qui permettent d'avoir un meilleur endormissement.

Bien sûr, je ne suis pas médecin, je vous recommanderai donc de vous tourner vers un·e professionnel·le de santé si vous ressentez le besoin de prendre des somnifères. Dans la mesure du possible, ne les prenez que de façon ponctuelle, selon votre prescription, à un moment de votre vie où vous vous sentez plus angoissée que d'habitude et où vous n'arrivez plus à dormir.

Un autre élément capital pour une bonne nuit de sommeil est de vous écouter et d'obéir aux signaux que vous envoie votre corps. Rejoignez votre lit dès vous sentez vos yeux se fermer naturellement, n'attendez surtout pas.

Le rêve est le gardien du sommeil.

Une fois couchée, remerciez-vous des choses que vous avez faites dans la journée, ayez de la gratitude envers vous-même. Cela vous apaisera. Il peut aussi être intéressant de prendre quelques minutes matin et soir pour vous adresser dix mots positifs, à voix haute ou bien rédigés dans un carnet que vous pourrez consulter quand vous aurez une baisse de moral ou de confiance en vous. Si vous pratiquez déjà la méditation, c'est le moment de faire quelques respirations pour calmer votre mental. Cet état d'esprit relaxé et positif appellera un sommeil paisible et vous évitera de tourner pendant des heures avant de vous endormir.

Pensez également à faire de votre chambre un endroit agréable, doux, où tout est fait pour inviter au repos. Il est important que votre chambre soit fraîche, c'est-à-dire entre 16 et 18 °C. En effet, le corps a besoin d'abaisser sa température pour s'endormir. Sans compter qu'il est beaucoup mieux de s'enrouler sous sa couette ou de se coller contre son ou sa chéri·e que d'avoir trop chaud ! Pensez aussi à aérer un peu avant d'aller dormir pour renouveler l'air ambiant. Selon vos préférences, procurez-vous des rideaux épais – si vous aimez dormir dans le noir – ou laissez vos volets entrouverts. Personnellement, j'ai une appréhension du noir complet et je n'arrive pas à dormir dans une chambre complètement sombre.

Toutes ces petites choses peuvent vous apporter plus de sérénité pour vous endormir, mais ce n'est malheureusement pas toujours efficace. Je sais ce que c'est que de mal dormir et, lorsque je fais une bonne nuit, je me sens tellement bien le lendemain, c'est un pur bonheur. Essayons donc de mettre toutes les chances de notre côté !

Le sommeil permet à notre âme de jouir d'heures de récréation.

Une fois couchée, remerciez-vous des choses que vous avez faites dans la journée, ayez de la gratitude envers vous-même. Cela vous apaisera. Prenez aussi quelques minutes matin et soir pour vous adresser dix mots positifs, à voix haute ou bien rédigés dans un carnet que vous pourrez consulter quand vous aurez une baisse de moral ou de confiance en vous. Si vous pratiquez déjà la méditation, c'est le moment de prendre quelques respirations pour calmer votre mental.

Chapitre 4

© Soraya Rams

La mode, la mode, la mode !

La simplicité est la clé de l'élégance.

Coco Chanel

Je suis un électron libre, comme je vous l'ai dit, je ne veux pas entrer dans des cases, je veux casser les diktats : j'ai donc toujours eu un look bien à moi et un peu décalé ! Oui, j'aime la mode, mais ma mode personnelle, je la compose moi-même. Je vais piocher quelques petites choses à droite à gauche et je les mixe, parfois à la limite du supportable pour certain·e·s. Mais, et c'est là l'essentiel, je me sens toujours bien dans ma peau. Les diktats de la mode et de la société nous imposent encore la manière dont on devrait s'habiller, même après 50 ans. Non, non et encore non, je n'ai plus l'âge qu'on me dicte ce que je devrais porter !

Démarquez-vous et trouvez votre style

Nos vêtements sont la première image de nous-mêmes que l'on présente à la société. Alors, ici aussi, il est important de rester soi-même. C'est aussi pour cette raison que j'ai longuement parlé de bodypositivité car, si vous acceptez mieux votre physique, il vous sera plus facile de vous habiller.

Cependant, les médias féminins ne s'adressent toujours pas aux femmes silver que nous sommes. Pourquoi ? Je ne sais pas, j'imagine que c'est comme pour tout : dans la mode comme dans tous les domaines du visible, du public, les femmes de plus de 50 ans n'existent pas. On ne veut pas les voir, on ne pense même pas à s'adresser à elles. J'avais d'ailleurs contacté des rédactrices de mode ou de beauté pour les interroger sur ce point, mais je n'ai jamais reçu aucun retour de leur part ! Nous vivons dans un monde étrange, parfois, et la bienveillance, le respect, l'empathie n'en font pas souvent partie. Je n'en prends pas réellement ombrage et je continue à être qui je suis et à faire ce dont j'ai envie, car c'est ce qui me nourrit chaque jour quand je me lève.

Nous sommes donc livrées à nous-mêmes pour trouver notre style, ce qui nous plaît, nous va et nous correspond. Il n'y a pas de miracle : il faut expérimenter ! Personnellement, mon truc, c'est le *peacocking* ! Vous savez ce que c'est ? *Peacock* est le nom anglais du paon, ce sublime oiseau qui se pâme devant les femelles en faisant la roue avec son plumage extraordinaire. Le *peacocking* est donc, au départ, le style des hommes qui ont envie de séduire grâce à la richesse et l'extravagance de leurs vêtements. Une façon d'attirer le regard pour courtiser les femmes qui les entourent… Ce côté extravagant et surtout décalé dans la façon de se vêtir me plaît beaucoup, je l'ai donc adopté ! Selon moi, plus nous avançons en âge et plus nous sommes libérées de certains préjugés, enfin, je l'espère, et cette liberté doit nous permettre de faire ce que nous voulons.

Personne ne se souvient des personnes banales, c'est la différence que l'on remarque.

N'ayez pas peur du regard des autres ! Au contraire, même, j'ai trouvé qu'attirer l'attention faisait beaucoup de bien à l'ego, parfois. Se sentir admirée, regardée… c'est une façon de reprendre le pouvoir sur son image et de gagner en prestance et en confiance en soi.

Alors, certes, je ne vous dis pas de tout de suite attaquer avec une robe fleurie, un manteau à carreaux, des santiags bleues et un chapeau ! Ça, je peux le faire, mais c'est mon style, et ça fait longtemps que je m'assume comme ça.

N'hésitez pas à jouer avec les couleurs de la vie. C'est un remède garanti contre la morosité ! Si votre garde-robe est complètement noire, bleu marine ou grise, ajoutez-y des accessoires de couleur, et osez vraiment, ne vous contentez pas d'une micro broche ivoire. Parez-vous de votre plus belle étole orange, jaune, rose, rouge, verte ou multicolore, du moment que vous mettez de la couleur dans votre vie, moi, ça me va : vous verrez la vie avec de jolies nuances, et les gens aussi ! Nous avons la chance d'avoir de multiples accessoires aujourd'hui qui vont transformer nos tenues et nous rendre visibles !

Vous avez remarqué que je reviens toujours à ça, l'invisibilité des femmes de plus de 50 ans dans notre société ? Forcément, déjà que la société nous met des bâtons dans les roues, si en plus vous restez habillée tout en noir et que vous ne mettez pas de fantaisie dans vos vêtements, comment en mettre dans votre vie ?

Bien sûr que tout ne passe pas par l'apparence, mais cela peut aider. Je sais que je suis un peu excessive dans ces derniers propos, j'espère simplement vous faire réagir et vous aider à sortir de cette invisibilité. Allons contre les diktats que l'on veut nous imposer !

C'est la raison pour laquelle j'insiste sur le fait qu'oser des petites choses vous amènera peu à peu vers une meilleure confiance en vous et une liberté encore plus grande. Bientôt, vous sourirez de ce que peuvent penser les gens en vous voyant ! Il émanera de vous ce petit quelque chose de différent, comme le sillage de votre parfum quand vous passez, une espèce de publicité au ralenti, où vous vous retournerez et regarderez derrière vous avec un doux sourire sur les lèvres qui en dit long… très long… Cette allure, c'est de l'assurance, de la confiance en soi !

La mode passe, le style reste.

Yves Saint Laurent

Je ne suis absolument pas coach en image non plus, mais je pense avoir un petit goût, et je sais très souvent embellir une femme et lui dire ce qui pourrait lui aller ! J'ai le style dans la peau !

Clothes are just like friends, you want quality not quantity !*

J'aime les gens et j'aime pouvoir aider quelqu'un qui s'est égaré à un moment de sa vie. Un chapeau, des chaussures, un sac, une chemise, un manteau, peu importe, juste une pièce, mais une pièce marquante, de couleur. Là je vous dis bravo, vous avez gagné !

* Les vêtements sont comme les amis, on vise la qualité, pas la quantité !

Darling, you are magic !*

En plus, vous n'avez pas besoin de grand-chose dans votre garde-robe – dit celle qui en a une plus que remplie à ras bord, oups… Oui, je vous avoue, j'étais une acheteuse compulsive il y a quelques années, et toute ma paie partait dans les fringues, ou presque.

Évidemment que cela cache quelque chose, mais quoi ? Sûrement un manque… manque de confiance en soi, manque d'amour ? C'est souvent que l'on doit compenser lorsque l'on ne se sent pas bien, alors, on se tourne vers sur la nourriture, l'alcool, les médicaments ou d'autres choses plus ou moins nocives, ou bien vers les vêtements. Pour moi c'était vraiment ça ! Mais c'était avant car, aujourd'hui, je me suis calmée. Certes, mes moyens ont nettement diminué aussi, mais il m'arrive encore parfois d'avoir des bouffées d'achats compulsifs, comme s'il me manquait encore quelque chose… Je me rattrape sur le chocolat. C'est moins cher et c'est du magnésium en direct !

Mes basiques mode

Si les magazines féminins ne sont globalement d'aucune aide, il existe en revanche de nombreux livres de pros de la mode qui

* Chérie, tu es magique !

pourront vous aider à trouver votre style, dans lesquels vous trouverez des idées, comme « la base de votre garde-robe » si vous êtes un peu perdue. Quant à moi, je vais vous présenter mes essentiels, ceux que je pourrais conseiller pour être toujours bien dans sa tête et dans son corps.

Buy less, choose well, make it last .*

Le jean

C'est vraiment le premier indispensable ! Cependant, la mode en ce qui concerne sa coupe change sans arrêt, alors, lequel choisir ? Quelle est *la* coupe qui vous conviendra toujours, quelle que soit la tendance ? Tout simplement celle dans laquelle vous vous sentez belle et à l'aise ! Une coupe droite ne perdra jamais de sa valeur. Mais si vous préférez un slim, pourquoi pas ? Ou un *boyfriend*, la coupe confortable par excellence ! L'essentiel est qu'il devienne votre meilleur ami. Essayez plusieurs coupes, de plusieurs enseignes, et ne vous fiez pas forcément aux conseils qui accordent les coupes aux morphologies : le jean qu'il vous faut, c'est celui dans lequel vous vous sentez bien et belle, c'est tout.

La chemise blanche

Alors là, je vous conseille une chose : piquez celle de votre chéri et, si vous n'en avez pas, alors foncez dans un magasin pour hommes et offrez-vous une chemise blanche XL ! Je ne trouve rien de plus sexy qu'une femme en chemise

* Achetez moins, choisissez bien, faites durer.

© Elena Kolobanova

Quand vous ne savez pas quoi mettre, mettez un jean.

blanche, avec un joli rouge à lèvres, un beau teint, un jean et pieds nus. J'adore marcher pieds nus, j'aime l'été et le sable chaud !

Il existe deux façons de la porter, deux styles radicalement différents. De façon très classique, vous pouvez la rentrer dans votre jupe ou votre pantalon et, le soir, si vous sortez et n'avez pas envie de vous changer, ouvrez un bouton de plus et nouez-la autour de votre jolie taille de guêpe. Tantôt sage et professionnelle, tantôt séduisante et libératrice, la chemise blanche est l'atout multifonction de votre garde-robe !

La chemise blanche classique, c'est le *nec plus ultra* de l'élégance et du bon goût.

La veste

C'est là que les choses commencent à se corser, à cause de la couleur. Je vous ai parlé du *peacocking* pour vous préparer à ce choix – si vous voulez l'adopter. Vous pouvez opter pour la veste noire basique ou bien proche du smoking, bien taillée, qui vous garantit un style élégant, passe-partout. Sinon, partez pour la veste de couleur : vous ne la choisirez pas vraiment, vous verrez, ce sera votre prochain coup de foudre, vous saurez quand vous la verrez ! Dans tous les cas, la veste s'assortit aussi bien aux tenues les plus simples qu'à des assortiments plus osés. Elle donne une touche structurée à n'importe quelle silhouette.

Les chaussures

Selon moi, il nous faut au moins trois paires de chaussures.

La première, une belle paire de bottes ou bottines. Les plus discrètes les choisiront noires, c'est très élégant. Pour les autres, allez-y pour la couleur, éclatez-vous !

Ensuite, il vous faut une paire de baskets. Oui, vous avez bien lu, des baskets, pour tous les jours, quand vous devez courir après le métro, votre chien, ou partir à l'aventure avec votre amoureux ou votre amoureuse : « Cours après moi, que je t'attrape ! » Il en existe pour tous les goûts et de toutes les couleurs. Personnellement, j'adore celles qui sont souples et multicolores. À l'américaine, on enfile ses baskets pour prendre le métro et arriver à l'heure au bureau et, installée, à sa place, on change et on enfile ses chaussures de Cendrillon !

La mode, c'est personnel, quelque chose qui vient de notre for intérieur.

Enfin, il vous faut une paire d'escarpins ou de sandales. Alors évidemment, les talons allongent la silhouette et nous donnent une façon de marcher plus féminine que de grosses baskets. Mais toutes les femmes ne se sentent pas à l'aise en talons hauts, sans compter la douleur. Choisissez donc des souliers habillés dans lesquels vous êtes tout de même à l'aise, qui vous donnent un *boost* de confiance en vous ! Si vous vous sentez comme une girafe sur des échasses, ridicule en talons aiguilles, eh bien, fuyez-les.

Quant aux sandales, c'est principalement pour l'été, bien sûr, mais vous pouvez aussi les porter l'hiver, si vous osez, avec une paire de socquettes en lurex, votre jean et votre chemise blanche !

Les dessous

Mesdames, assumons notre féminité ! Cela peut passer par les dessous aussi, quand vous avez envie de vous la jouer un peu plus sexy.

Chez moi, c'est une catastrophe, les dessous. J'ai toujours eu un rapport très spécial avec eux, genre doudou, vous voyez, genre grande culotte en coton. J'avoue, ce n'est pas très sexy ni glamour, mais

Les chaussures transforment votre langage corporel et votre allure. Elles vous élèvent physiquement et émotionnellement.

Christian Louboutin

tellement confortable… Je suis sûre que certaines d'entre vous se reconnaissent dans mes propos. Je n'ai jamais investi des fortunes dans des sous-vêtements.

La vie est trop courte pour porter de la lingerie ennuyeuse.

Déjà, avec mon 100 C, je suis obligée de porter des soutiens-gorge. Enfin, l'on n'est obligée de rien, en fait, mais je suis plus à l'aise lorsque j'en porte. Sauf l'été, où je laisse souvent ma poitrine vivre sans soutien. Liberté, je vous aime pour ça aussi ! Des soutiens-gorge aussi, j'en ai de toutes les couleurs et je n'hésite pas à les dépareiller avec mes culottes « à la Bridget Jones ». Pour les soutiens-gorge comme pour tous les vêtements, le mot d'ordre, c'est : vous sentir bien, et belle ! Si vous voulez en porter, portez ceux dans lesquels vous êtes bien, et si vous avez envie d'essayer de laisser votre poitrine plus libre, n'hésitez pas ! Vous verrez, c'est un bonheur sans pareil, et on s'habitue très vite.

Quant aux bas, bien sûr, j'ai quelques tangas qui traînent au fond de mon tiroir au cas où je rencontre l'amour de ma vie… Mais si c'est l'amour de ma vie, il m'acceptera avec mes grandes culottes, non ? Et puis, les culottes sont faites pour être enlevées, il me semble.

Enfin, pour les dessous, certes le confort prime, mais ne vous privez pas d'acheter des dessous plus extravagants sous prétexte que « ce n'est plus de notre âge » ! Certes, les sexygénaires ne sont pas nombreuses dans les magazines de lingerie – comme partout – mais cela ne veut pas dire que la dentelle ne nous va plus. Vous aussi, vous avez le droit de vous sentir sexy !

Je vais profiter de cette partie pour faire un petit aparté, car j'ai récemment eu la chance d'être l'égérie d'une sublime marque de lingerie : Maison Louve. Déjà, je suis ravie qu'enfin une marque ose mettre en avant des femmes de mon âge pour promouvoir de la lingerie, je trouve ça courageux de leur part, novateur, et alors, qu'est-ce que ça me réjouit pour l'avenir ! Bientôt, les magazines de mode seront envahis de sexygénaires, vous verrez !

Pendant le shooting photo, j'ai été sublimée par les dessous que je portais, et aussi par la photographe, LiliEyes Photographie[6], qui a pris les photos mais également grâce à @maisonlouve_ qui a initié cette merveilleuse aventure. Je me suis approprié ces bodys, kimonos, culottes et soutiens-gorge et, une nouvelle fois, à travers tout ça, je portais un message, toujours le même : toutes les femmes sont belles, et nous devons nous accepter telles que nous sommes ! Nous existons et nous sommes libres.

6 Vous pouvez retrouver son superbe travail sur son blog : lilieyesphotography.tumblr.com, ou bien sur son compte Instagram : @lilieyesphotographie, mais également sur @maisonlouve_.

I love the drama of a hat.*

Les accessoires

Les chapeaux

Les accessoires sont des petites choses qui peuvent sauver un look – trop sévère, par exemple. Un chapeau, une casquette, un bonnet, les options sont multiples, mais elles permettent toujours une petite pointe de gaité, donc de couleur. Osez, encore une fois, le chapeau orange ou une casquette rouge ! Si vous devez porter une paire de gants, le top est de les assortir au chapeau : alors là, je vous dirais : « Chapeau bas, vous êtes dans le *mood* ! »

Cela dit, le vrai indispensable, celui que l'on porte toutes, c'est le sac à main. Celui-là nous en fait voir de toutes les couleurs et de toutes les formes. Grands cabas, microsacs, pochettes, sacs à dos, bananes et j'en passe, le choix est large. À vous de voir celui qui vous fait craquer et, accessoirement, qui remplit ses fonctions au plus près de vos besoins.

Les sacs à main

Personnellement, j'ai tendance à me trimballer avec mon énorme sac qui appuie dangereusement sur mon épaule, me fait marcher de travers et, surtout, me donne mal au dos et aux cervicales. Vous savez, c'est comme une envie d'emporter une partie de ma maison avec moi – pour me réconforter de la quitter, peut-être ? Tout ce poids, alors que je ne me sers pas du tiers des choses que je transporte… Je le sais, c'est un travail que j'ai encore à faire sur moi. Lorsque je sors, j'ai toujours l'impression que je vais avoir besoin de tout ce qui se trouve dans mon sac à un moment ou à un autre. Après tout, grâce à mes trésors cachés, j'arrive souvent à dépanner des copines avec du paracétamol, des mouchoirs, du *make-up*, un foulard, et j'en passe ! Malgré tout, mon objectif est de faire mieux et de m'alléger, pour épargner mon dos.

Le sac à main est l'accessoire phare, *la* pièce maîtresse, et les modèles iconiques se succèdent au fil des tendances et décennies. On voit sur tous

* J'adore le caractère dramatique d'un chapeau.

les magazines : « Le *it bag* de la saison porté par telle ou telle star ! » Et certains donnent envie… je connais des fu.mmes qui dépensent leur paie pour avoir le dernier sac à la mode. Choisissez donc le vôtre avec soin, selon votre style et vos besoins. Partirez-vous plutôt sur un mini sac en bandoulière qui n'est pas du tout encombrant et contient le strict nécessaire ? Ou parierez-vous sur une pièce imposante, colorée, dans laquelle vous pourrez mettre toute votre vie ?

Les sacs à main sont les meilleurs amis des femmes !

Les bijoux

L'autre incontournable : les bijoux. Il existe aussi de ce côté-là un choix infini, que l'on aime les petits bijoux discrets ou les grosses bagues ethniques. Moi, je suis plutôt gros bijoux, mais j'adore les chaînes fines portées autour de la cheville ou du cou. J'ai une pierre préférée : la turquoise. Elle me met de bonne humeur, j'ai l'impression qu'elle me transmet son énergie, et je trouve qu'elle va avec tout. Quand je la porte, je me sens forte et belle !

J'aime les gros bijoux, mais je les porte avec parcimonie. Deux belles grosses bagues et une paire de grosses créoles suffisent à m'habiller, j'adore, pas besoin de plus !

Et vous ? Vous avez des bijoux favoris que vous portez tout le temps, ou bien vous êtes plutôt de la *team* qui change tous les jours, selon l'humeur et la tenue ?

Ces essentiels correspondent-ils aux vôtres ? En me lisant, pensez-vous à des pièces et accessoires en particulier qui vous mettent en joie, les idées de styles et de looks fusent ? C'est génial ! Faites-vous plaisir, osez sortir de votre zone de confort et des sentiers battus, osez vous rendre visible.

Cependant, si vous ressortez de cette partie confuse, sans aucune idée de ce que vous pourriez porter, ce n'est pas grave. C'est normal d'avoir besoin d'un coup de pouce. Que vous ayez besoin d'aide pour votre look ou que vous ayez envie de changer de style, vous pouvez demander conseil à une amie que vous trouvez particulièrement stylée, par exemple, ou même carrément faire appel à une conseillère en image. Elles sont de plus en plus nombreuses sur les réseaux, où elles prodiguent des conseils pour toutes les morphologies et tous les goûts. À vous de trouver celle ou celui avec qui vous vous sentirez bien, en qui vous aurez confiance et qui vous guidera vers des vêtements qui vous ressemblent et, surtout, dans lesquels vous ne vous sentirez pas déguisée. N'hésitez pas !

La créativité, c'est l'intelligence qui s'amuse.

Albert Einstein

Chapitre 5

© Soraya Rams

Où sont les femmes de plus de 50 ans ?

Vous sentez-vous invisible ?

La société invisibilise les femmes de plus de 50 ans et ne leur accorde presque aucune parole, ce qui, évidemment, ne nous aide pas à nous sentir bien dans notre peau, à oser parler de notre expérience et à nous assumer ! Heureusement, les choses commencent à changer un peu.

C'est un sujet qui me touche particulièrement et pour lequel je milite à travers mes réseaux sociaux et mes actions. Je sais que, seule, il m'est impossible de changer les choses, mais je lance des petits messages qui sont relayés et qui sont entendus par des femmes à qui cela parle. Je suis sûre que, mis bout à bout, ces mots et ces actions ont un impact, si ce n'est sur la société, au moins sur le regard que les sexygénaires posent sur elles-mêmes.

Au-dessus de 50 ans dans les médias, les fictions, la société en général, les femmes sont comme invisibles. Le jeunisme pollue toutes les formes d'images sociales. Et même lorsque l'on veut nous accompagner plus loin, c'est en nous disant comment rester jeune ! N'est-ce pas antinomique ? On a parfois besoin de s'identifier à quelqu'un qui nous ressemble et, moi, je n'arrive pas à m'identifier à qui que ce soit quand je lis des magazines féminins, que je regarde des fictions, des films, des émissions. Je trouve terrible que notre société nous mette dans une sorte de placard lorsque nous franchissons le cap de la cinquantaine et ne laisse pas la place à ce que ou qui nous sommes.

Nous vivons de plus en plus vieilles et il faudrait rester jeune ? Alors oui, rester jeune dans sa tête, avec la maturité acquise au fil des années, je suis d'accord, mais rester jeune d'apparence de façon exagérée, je ne pense pas que ce soit la meilleure solution.

Après, évidemment, pour ça aussi, chacun·e possède son libre arbitre et fait uniquement ce qui lui plaît. Mon intention n'est surtout pas de juger les femmes qui cèdent aux injonctions, la pression sociale est si forte, c'est notre cas à toutes, d'une manière ou d'une autre. Sans compter que, comme on dit, « il faut de tout pour faire un monde », et la liberté n'a pas de prix.

Je sais que certaines d'entre vous ne vont absolument pas se reconnaître dans ces mots, et je dirais tant mieux pour vous si vous vous sentez bien, j'en suis heureuse. Cependant, moi, si je me sens à ma place dans ce que je fais, je ne me retrouve pas ou peu dans ce que je vois autour de moi, et ça me dérange un peu, voire beaucoup.

Mise à l'écart et mauvaise représentation

Je vous ai déjà dit que, depuis quelques années, je n'achète plus de magazines féminins, car je trouve que tout n'est orienté, une nouvelle fois, que vers les jeunes femmes et une communauté qui n'est pas celle de Madame Tout-le-Monde. Est-ce que ce que je vois dans les magazines de mode me fait rêver ? Non, pas du tout, les stylistes et rédactrices ne s'adressent qu'à une élite : presque tout est hors de prix, immettable et, surtout, hors de propos ! Je suis dans une attitude rebelle et un peu véhémente, car je pense qu'aujourd'hui, il y aurait beaucoup de choses à changer dans les mentalités, et qu'il est plus que temps.

Ce sont principalement des femmes qui sont à la tête des magazines ou dirigent les éditoriaux, alors pourquoi ne se mettent-elles pas au niveau d'une femme comme moi, comme vous ? On va me répondre, tout simplement, « qu'il faut faire rêver ». Eh bien moi, désolée, ça ne me fait pas du tout rêver.

On dirait qu'il y a une sorte de sélection non naturelle qui doit se faire. Je ne comprends pas ce manque de sororité, de clairvoyance, d'indépendance d'esprit et, ne pas comprendre, ça me rend dingue ! Si nous étions inspirées par des femmes qui nous ressemblent, nous irions dépenser notre argent chez certaines marques que l'on évite aujourd'hui car elles nous snobent.

Il n'y a aucune limite à ce que nous pouvons accomplir en tant que femmes, mais il faut se serrer les coudes pour faire la différence !

Le problème ne se cantonne pas seulement aux magazines. L'un des exemples les plus flagrants qui me vient de cette invisibilisation généralisée est cette fois où, pour gagner un peu d'argent, je me suis inscrite sur des sites de castings pour faire de la figuration. Les demandes pour des femmes entre 50 et 75 ans sont très peu nombreuses, si ce n'est inexistantes. Ce n'est bien sûr pas le cas pour les hommes. Vous l'avez peut-être remarqué : dans les fictions, séries, films, les femmes silver n'existent presque pas ! Bizarrement, après 50 ans, les femmes disparaissent, deviennent invisibles, pendant que leurs contemporains masculins continuent de se pavaner sur la scène publique. Mais c'est incroyable ! Bien évidemment, et ça n'étonne personne, ce ne sont presque que des réalisateurs ou directeurs de castings qui prennent ces décisions, très peu de femmes parmi eux… Il est vraiment temps que les choses changent !

Ce problème du jeunisme est si omniprésent et important dans le monde du cinéma qu'il existe même une commission « Tunnel de la comédienne de 50 ans » portée par l'association Actrices et acteurs de France associés (AAFA)[7] et soutenue par le ministère chargé de l'Égalité entre les femmes et les hommes ! Les membres de la commission n'ont pas d'exigence de quotas à ce jour, mais cherchent principalement à déconstruire les stéréotypes car, oui, c'est avant tout une question d'éducation, de représentation, de construction sociale.

La femme silver représente aujourd'hui une large partie de la population, puisqu'une femme majeure sur deux a plus de 50 ans. Cela veut donc dire qu'elles ont un pouvoir d'achat important. Pourtant, la plupart des marques, quel que soit leur produit (alimentaire, bijoux, cosmétiques, mode, voitures…), ne s'adressent pas directement à nous. Notre pouvoir d'achat n'est pas utilisé à bon escient par les marques, dans notre société de consommation. Pourtant, si les dirigeants réfléchissaient et se tournaient un peu plus vers nous, forcément, l'économie serait en meilleure santé.

Le cercle vicieux des stéréotypes

Dans l'imaginaire collectif, une femme de plus de 50 ans, comme on ne la voit nulle part, n'existe plus, ou bien seulement dans des rôles sociaux bien définis et archaïques, et particulièrement celui de la célèbre « ménagère de plus de 50 ans ».

Je trouve complètement ahurissant qu'il n'existe qu'une catégorie unique de « séniors » qui va de 45 à 95 ans. Cela regroupe cinquante ans d'existence ! Plus de la moitié d'une vie à être étiquetée « vieille personne inutile ». On s'adresse à nous comme si on s'adressait à une femme de plus de 80 ans. Je n'ai pourtant ni le même vocabulaire, ni les mêmes attentes, ni la même vie que ma mère. Nous n'avons absolument pas vécu la même chose. Ma mère a connu la guerre et l'après-guerre, moi, je fais partie de la génération des *baby-boomers*, nous avons traversé les belles années lorsque la vie était un peu plus légère…

7 Plus de détails sur leur action sur le site de l'AFFA : aafa-asso.info/tunnel-comedienne-50-ans.

Aujourd'hui, je n'ai que 60 ans. Je suis sexygénaire et je l'assume. Ma vie est loin d'être terminée, je ne suis ni sénile, ni incompétente, ni dépendante. Tout ce que je fais et que je continuerai à faire est de permettre aux femmes de la génération silver de se reconnaître et de se voir avec des yeux bienveillants et, surtout, d'exister !

Quand on arrive à la cinquantaine, on est au milieu de notre vie, *middleage* en anglais. Nous avons encore plein de choses à faire et, surtout, nous sommes plus libres. Cette liberté acquise au fil des années nous permet de prendre notre vie en main. Et on voudrait nous mettre dans des cases ! Je m'y refuse et, une nouvelle fois, je dis haut et fort : « Non aux diktats de la société ! »

Une nouvelle fois, je dis haut et fort : « Non aux diktats de la société ! »

J'ai envie de garder mes cheveux naturels et *silver*, de les porter longs, et le premier qui me traite de vieille, je l'envoie balader. Mes kilos, je les aime, et je foule le *catwalk* du salon de la lingerie l'année de mes 60 ans en culotte et soutien-gorge, avec mes imperfections – ou, pour le dire d'une autre façon « *I am perfection* » –, et je montre à toutes et tous que j'existe, que nous existons.

Malheureusement, le jeunisme n'est pas notre seul problème. Il est intimement lié à un autre, beaucoup plus large : le sexisme. J'en parlerai plus en détail un peu plus loin mais, encore aujourd'hui, nous, les femmes, sommes considérées différemment des hommes. Nous sommes moins bien considérées, et particulièrement dans le monde du travail. Pourtant, nous sommes nombreuses à être des entrepreneuses, employées, voire même dirigeantes géniales ! Ces dernières, notamment, ne sont pas nombreuses, la parité n'est pas encore complètement de mise en France, surtout à ces postes-ci. Les choses bougent, mais la femme au pouvoir fait peur, je pense. Pourquoi ? Peut-être parce que, entre autres choses, la femme est Mère, qu'elle met au monde et que, par cette fonction exceptionnelle, elle a déjà un pouvoir sur l'homme ! C'est peut-être la raison pour laquelle on leur fait peur, et qu'ils ont toujours voulu nous dominer.

Ainsi, sexisme et jeunisme combinés, le serpent se mord la queue : on ne nous voit pas et, quand on nous voit, c'est seulement en tant que « séniors » – je déteste ce mot ! – et ménagères, par conséquent, dans l'inconscient collectif, on n'existe pas dans l'espace public, alors, forcément, personne ne pense à nous, à nous donner de la visibilité et, surtout, personne ne veut nous employer. Alors, on continue de ne pas être vues et de ne pas exister. Et la boucle est bouclée !

Ces dernières années, j'ai participé à beaucoup de maraudes nocturnes durant lesquelles je rencontrais toutes sortes de personnes, incluant beaucoup de femmes qui se retrouvaient à vivre dans la rue, non pas à cause d'un dérapage de leur part, mais souvent plutôt du dérapage de la société dans laquelle nous vivons.

Travail, chômage et pouvoir d'achat

L'une des conséquences les plus importantes de ce système injuste concerne notre accès au marché du travail. Je suis bien placée pour en parler, puisque je me suis retrouvée au chômage à 57 ans et que personne ne voulait plus de moi. Le monde du travail évince une femme de 57 ans, avec l'expérience qui est la sienne, et qui aurait pu apporter beaucoup à une société. D'ailleurs, beaucoup de femmes de plus de 50 ans sont encore en activité et, grâce à leur longue expérience, peuvent même être à de gros postes de direction.

Pourtant, je peux me considérer comme chanceuse, j'ai eu un travail jusqu'à mes 57 ans. Pour certaines, c'est encore plus difficile, car une femme n'est déjà plus visible dès 45 ans ! C'est incroyable, impensable et, pourtant, un pur reflet de la réalité. Si une femme a le malheur, pour une raison ou pour une autre, de quitter son poste et de se retrouver sans emploi après cet âge, ses chances de retrouver un emploi selon son expérience, son domaine d'expertise et ses compétences sont maigres. Tous les CV que j'ai pu envoyer durant cette première année de chômage n'ont eu aucun écho, presque aucune réponse. C'est terrible de prendre ceci en plein visage sans raison valable.

Dès le début de cette période de chômage, mes moyens se sont amoindris, mais cela s'est accentué à la fin de mes indemnités. Le 31 décembre 2019, c'était la fin officielle de mon chômage, il a donc fallu que je me réinvente. Depuis, je touche l'ASS chez Pôle emploi, ce qui correspond au RSA. Heureusement, je peux me débrouiller un peu et, surtout, j'ai la chance d'avoir une famille qui peut un peu m'aider lorsque les fins de mois sont vraiment difficiles et qui ne m'abandonnera pas. Mais qu'en est-il pour une autre qui perd son poste tout près de la retraite, à qui il manque deux, trois ou quatre ans de cotisation ? Eh bien, la société ne nous voit pas, une nouvelle fois ! Jusqu'à présent, je n'ai jamais entendu une personnalité politique évoquer ce cas de figure. C'est toujours pareil, si on n'en parle pas, pas de solution, puisque cela est de nouveau invisibilisé.

Et la dérive est rapide si la personne n'a pas quelqu'un autour d'elle, de la famille ou des amis qui peuvent l'aider. Plus de rentrée d'argent, ou alors les minimaux sociaux d'à peine 500 euros, encore faut-il montrer patte blanche ! Certaines ne vont même pas aller jusque-là, car la paperasserie française fait tout pour que l'on abandonne. Et lorsque l'on se retrouve à plus de 60 ans sans ressources, ou si peu, sans soutien familial, que se passe-t-il ? Cela peut vite devenir une vie dans la rue.

J'y ai souvent pensé, ces dernières années, car j'ai participé à beaucoup de maraudes nocturnes durant lesquelles je rencontrais toutes sortes de personnes, incluant beaucoup de femmes qui se retrouvaient à vivre dans la rue, non pas à cause d'un dérapage de leur part, mais souvent plutôt du dérapage de la société dans laquelle nous vivons et qui a oublié de prendre en compte certaines options de la vie !

Je ne comprends pas que la société puisse ignorer de façon aussi flagrante l'existence d'une part énorme de sa population. Lorsque je ne comprends pas quelque chose ou quelqu'un, j'aime que l'on me donne la possibilité d'avoir avec une explication. Je trouve que ce monde est cruel, car il manque de bienveillance. L'absence de considération, de visibilité devient rapidement un vide qui commence à nous submerger et nous fait perdre pied, parfois. Notre confiance en soi en pâtit, on se dévalorise et on commence à penser que l'on ne sert plus à rien. Eh oui, non seulement cette invisibilisation et ce mépris envers les femmes de plus de 50 ans nous coûtent, littéralement, de l'argent, mais elle entache directement notre confiance en nous.

Il faut à la fois nous débrouiller pour subvenir à nos besoins et pour faire entendre notre voix. C'est pour cela que je mène ce combat actuellement. J'ai acquis le statut d'autoentrepreneuse, je me bouge beaucoup pour essayer, à travers mon travail d'influenceuse, blogueuse et modèle silver, de vendre mon image et mon travail à des marques. Cela veut dire que l'on vient me chercher pour présenter un produit : enfin, certaines marques réalisent que ma tranche de population représente une cible intéressante ! Je croise les doigts pour que ce soit annonciateur d'un vrai vent frais, à contre-courant de ce que je dénonçais plus tôt. Cependant, si les choses commencent enfin à bouger un peu pour moi, pendant plus de deux ans, j'ai tout fait gratuitement, car j'avais mon chômage qui me permettait de vivre normalement et cela me laissait l'esprit plus tranquille. Je travaillais gratuitement parce que je pouvais me le permettre, mais surtout parce que la plupart des marques ne nous considèrent pas ! Elles sont bien ravies d'empocher les fruits de notre travail, mais ne nous entendent plus lorsque l'on réclame rémunération… Ça vous rappelle quelque chose ? En quoi mon travail, qui consiste à mettre en avant un produit à travers des photographies et des textes rédigés, en m'appuyant sur mon talent de communication et de fédération d'une communauté, diffère de celui de n'importe quel chargé de communication ? Effectivement, c'est la même chose ! Mais je cumule les aspects qui ont mauvaise presse dans l'esprit commun, les aspects qui laissent croire à mes interlocuteurs que mon travail ne mérite pas salaire : je suis une femme, âgée de plus de 50 ans, et mon travail repose sur les réseaux sociaux. Encore une fois, les stéréotypes nuisent à mon développement économique !

Pourtant, à un moment, j'ai été obligée de dire stop au travail à titre gracieux. 2020, cette année toute en rondeur, mais aussi pleine de tumultes, m'a donné la force de dire non ! Je suis ma propre petite entreprise et, comme pour une voiture dans laquelle on a besoin de mettre de l'essence, eh bien moi, j'ai besoin de facturer pour vivre. Les gens, parfois, ne comprennent pas. Alors je leur réponds : « Tout travail mérite salaire ! » Quelques fois, cela fonctionne, d'autres fois non. Alors, tant pis, je préfère ne rien faire que ne pas me faire payer pour ce que je produis, ce serait me dénigrer et je n'en ai pas du tout envie.

Non seulement cette invisibilisation et ce mépris envers les femmes de plus de 50 ans nous coûtent, littéralement, de l'argent, mais ils entachent directement notre confiance en nous.

Aujourd'hui, j'ai mon influence sur les réseaux sociaux, et mon nombre d'abonné·e·s témoigne de cette reconnaissance et de l'envie des gens de me suivre et d'apprécier ce que je fais, donc tout ça a un prix. J'ai mis du temps à accepter et à dire non, mais j'y suis enfin arrivée et je m'en félicite. C'est un respect que j'ai envers moi-même, que j'estime mériter, et que je vous invite à avoir envers vous-même aussi ! N'écoutez plus les voix qui vous disent que vous êtes une invisible, une indésirable, que vous ne valez plus grand-chose. Vous êtes forte, puissante, je le sais, nous le savons toutes, et il est grand temps que nous donnions de la voix pour faire comprendre à la société que nous connaissons notre valeur !

Je ne sais même pas comment j'ai pu accepter de faire tant de choses juste en échange de produits. Les produits cosmétiques que je reçois, même si certains sont bios, je ne peux pas les manger, et ce n'est pas avec ça que je vais pouvoir payer mon loyer ni mes charges. Certaines influenceuses n'hésitent pas revendre les produits qu'elles ont reçus pour les convertir en argent et donc pouvoir survivre. Je ne le fais pas encore. C'est un nouveau métier « Miroir aux alouettes » très spécial et, là aussi, il y a peu d'élu·e·s.

Cela fait maintenant presque trois ans que je me suis attelée à ce nouveau métier et que je fais tout pour que mon travail d'influenceuse et de mannequin silver devienne ma principale et unique source de revenus. Aujourd'hui, tout ce que je fais me permet de montrer qu'une femme qui s'en donne les moyens, même après 50 ans, peut parvenir à faire quelque chose et, surtout, quelque chose qui fait du bien aux autres.

Je n'ai pas besoin de gagner des dizaines de milliers d'euros pour être heureuse, j'ai juste envie de vivre d'une façon décente, de pouvoir partir de temps en temps en vacances et gâter ma famille et mes amies. Et si, au passage, je peux inspirer des femmes et les aider à prendre confiance en elles, à s'assumer, à donner de la voix, alors j'en suis ravie ! Car c'est ensemble que nous serons fortes.

Féminisme et sororité

Eh oui, je suis certes une grande romantique, j'aime les hommes, mais ça ne m'empêche pas d'être féministe : cela va ensemble ! Pour parler de féminisme, je pense qu'il est important de revenir à ses origines.

Une petite histoire du féminisme

Son histoire récente, c'est-à-dire les premières revendications qui arrivent à se faire entendre publiquement, à avoir un véritable impact, débute dans la deuxième partie du XIXe siècle dans l'écriture d'Alexandre Dumas. Cependant, la revendication d'une égalité entre les femmes et les hommes a toujours existé. Déjà à la fin du Moyen Âge, certains auteurs critiquaient la place donnée aux femmes dans la société et certaines femmes désiraient s'émanciper du carcan patriarcal dans lequel elles étaient enfermées à la fois physiquement et, surtout, moralement – ce qui est encore pire !

Les premières réelles actions féministes, porteuses d'impact, apparaissent au début du XXe siècle, lorsque les suffragettes militent activement pour obtenir le droit de voter, mais également celui de travailler et d'avoir une instruction au même titre que les hommes, et sans nécessiter leur approbation. En France, ce n'est pourtant pas avant 1944 que les femmes obtiennent le droit de vote, et l'exercent pour la première fois en 1945 !

Une deuxième vague de féminisme survient entre 1960 et 1980 –1960, année de ma naissance, et 1980, année de mes 20 ans – pour dénoncer les inégalités légales et culturelles entre hommes et femmes. Cela débute à nouveau aux États-Unis. C'est étrange, on a l'impression que les femmes américaines ont un peu d'avance sur nous, les Françaises, mais pourquoi ? Je me suis toujours posé la question. Est-ce dû au nombre ? Comme il y en a beaucoup plus, alors la parole va plus vite et plus haut ?

Cette deuxième vague remet surtout en question le rôle de la femme dans la société. Les femmes osent parler, se montrer, sortir de la sphère domestique où elles étaient majoritairement confinées, et prendre une place qui leur revient. Cette vague marque aussi une autre révolution, celle de la contraception : entre l'autorisation de la pilule contraceptive et la légalisation de l'interruption volontaire de grossesse (IVG), les femmes peuvent enfin assumer d'autres rôles que celui de mère.

Faire entendre nos voix pour nous libérer

Désormais, les femmes s'expriment, accusent et cela devient une force contre la discrimination féminine. Les abus et harcèlements sont enfin révélés au grand jour et peuvent être punis par la loi, car certaines femmes osent poser des mots sur des actes commis envers elles par des hommes, eux qui se croyaient intouchables et protégés par la société patriarcale.

Ce mouvement de libération de la parole a gagné en ampleur avec l'arrivée des réseaux sociaux. Depuis 2017, des initiatives fleurissent pour briser les tabous et mettre en lumière des choses qui étaient restées secrètes pendant de nombreuses années. Grâce à #balancetonporc ou #metoo, certaines femmes peuvent se libérer et parler, raconter les abus qu'elles ont subis, parfois il y a très longtemps. Cette parole, le fait de sortir ces événements de soi, de mettre des mots sur ces violences et agressions, permet aussi d'enclencher un processus de réconciliation avec soi-même. De plus, cela chasse la honte omniprésente qui oppresse les victimes et donne l'opportunité aux jeunes générations de raconter des faits qui, avant, étaient inavouables.

Parler de son expérience et entendre des témoignages similaires au sien permet de se débloquer et d'avancer. Je ne peux pas parler d'expérience, mais j'imagine que renouer avec soi-même n'est pas facile lorsque l'on porte un poids comme celui-ci sur les épaules. Il faut apprendre à se libérer de certaines souffrances pour pouvoir se regarder et s'aimer de nouveau devant son miroir.

Heureusement, le changement arrive ! Malheureusement, je ne parle là que du monde occidental, ou presque. Vous et moi savons très bien que, sur d'autres continents, les droits des femmes sont encore bafoués et qu'elles n'ont pas toujours le droit à la parole et sont encore enfermées. C'est terrible de devoir toujours lutter pour améliorer la condition féminine. Ce sont des hommes qui ont créé les lois qui concernent directement les femmes, sans jamais les impliquer ou leur demander leurs avis. Ça ne vous paraît pas étrange ? Moi, ça me semble inadmissible !

Le début du XXIe siècle a également été marqué par une autre vague féministe, avec des mouvements plus controversés car plus radicaux et bouleversant encore davantage les carcans sociétaux. Je parle de « Ni putes ni soumises », par exemple, ou des Femen. Quand les premières féministes luttaient pour l'égalité des sexes et l'écriture de lois que nous avons obtenues petit à petit au fil des années, les nouvelles générations sont peut-être encore plus revendicatrices, elles désirent sortir de ce cadre, déraciner le sexisme omniprésent et insidieux, malgré un cadre légal « égalitaire », et veiller à ce que la liberté soit accordée à chaque femme.

Sur Instagram notamment, les comptes féministes fleurissent. C'est une bonne chose, car ils permettent aux femmes de s'exprimer librement. À travers les réseaux sociaux, il est beaucoup plus facile de faire passer un message, d'avoir une audience, de se faire entendre et relayer.

Bien sûr, cela fait écho à ma lutte depuis trois ans pour une reconnaissance et une visibilité des femmes silver. Je sais que l'on ne pourra jamais rien lâcher, car les ancrages profonds de la société reviennent au galop si on laisse faire. C'est épuisant et, en même temps, tellement stimulant. Alors que j'écris ces mots, ils me choquent aussi un peu. On ne devrait pas avoir à lutter, au contraire. Toutes ces femmes avant nous qui ont combattu nous ont déjà ouvert des portes et, pourtant, le combat ne finit jamais. J'ai l'impression que, lorsqu'une porte s'ouvre, une autre se referme, et il nous faut continuer à aller taper à cette dernière.

Nous sommes plus fortes quand nous nous soutenons, nous valorisons mutuellement !

Il ne nous faut pas oublier qu'un fondement de ces injustices est le sexisme ancré dans la société et intégré par toutes et tous, dès le plus jeune âge. Ainsi, tout commence par l'éducation et le respect, mais aussi, et surtout la communication dans la famille : parler avec ses enfants est capital. Je suis issue d'une famille où nous parlions, pas forcément des choses les plus importantes, mais je suis sûre que cela m'a aidée à porter un regard plus critique sur ce qui m'entoure, et à ne pas m'enfoncer dans des situations nocives : j'ai toujours eu un soutien fiable, sur lequel compter.

Ode à la sororité

En effet, le plus important, c'est de s'entourer de personnes qui nous mettent en confiance, qui nous soutiennent car, ensemble, soutenues, on est plus fortes. Ce qui m'amène à un mot que j'adore : la sororité.

Ce terme est issu du mot latin *soror*, qui signifie « sœur ». Vous l'aurez deviné, la sororité est l'équivalent féminin de la fraternité : une solidarité, un lien entre sœurs et donc, par extension, entre femmes. Alors pourquoi parle-t-on toujours de fraternité et pas également de sororité ? Une nouvelle fois, la société a décidé de n'employer qu'un seul et unique terme, masculin, évidemment, qui englobe hommes et femmes. En France, nous sommes allés jusqu'à le mettre dans notre devise : « Liberté, égalité, fraternité »… Eh bien là, je me lève haut et fort en tant que féministe pour dire que je ne suis pas d'accord ! Je trouve que l'utilisation « universelle » du mot « fraternité » n'est qu'une façon détournée de ne pas avoir à se poser de questions. Les hommes étaient « entre eux » un long moment dans les hautes sphères du pouvoir et, quand les femmes ont décidé de prendre la place qui leur revenait, ils se sont contentés de dire : « Bon, disons que vous vous y retrouverez aussi. » Pourtant, je suis sûre que si le mot « sororité » était utilisé plus souvent et depuis plus longtemps, chacune pourrait s'y retrouver et s'identifier à un groupe de femmes rassemblées et unies, un groupe qui a du pouvoir, visible ! Moi, j'aimerais bien qu'un jour notre devise devienne : « Liberté, égalité, fraternité, sororité ».

La sororité est un bien joli mot qui sonne comme une chanson à mes oreilles, mais qui sonne encore faux autour de moi et qui n'a que peu d'écho dans mon entourage. L'être humain est très individualiste à la racine, et le stéréotype veut que les femmes ne soient pas forcément très douces ni empathiques les unes envers les autres. Moi, je dis que ces clichés sont faux. La sororité existe ! Ne laissons pas le sexisme nous voiler la face et nous atteindre, nous inciter à dénigrer les autres femmes.

Who run the world? Girls!*

Bien évidemment, je ne suis pas la première féministe ; elles sont nombreuses à s'être battues avant moi. C'est en 1970 que les féministes ont commencé à vouloir faire passer le mot « sororité » dans le langage usuel commun, en parallèle au mot « fraternité ». Aux États-Unis, les *sisterhoods* furent à l'initiative de nombreux mouvements féministes américains, toujours en réponse aux *brotherhoods*, les fraternités, ces rassemblements d'étudiants qui, souvent, restaient en contact après l'université et tissaient un réseau de solidarité très fort, notamment au niveau professionnel.

Désormais, la sororité exprime le lien entre des femmes qui ont des affinités communes, parfois même un vécu, mais avant tout ce statut commun d'être femmes. Mettre l'accent sur la sororité entraîne plus d'empathie les unes envers les autres, une entraide infinie et sans attendre quoi que ce soit en retour. Ce sentiment de confiance, de complicité et surtout de solidarité, dans notre société où il en est tout autrement parfois, possède un pouvoir extraordinaire !

* Qui dirige le monde ? Les filles !

Et si nous, femmes silver, même si la société préfère encore nous ignorer, nous nous mettions à échanger, à nous écouter, à parler d'une même voix pour nous faire entendre ? Commençons par : et pour vous, c'est quoi, la sororité ? Vous ne pourrez pas me répondre en direct, mais réfléchissez-y, et j'espère vous lire sur les réseaux sociaux !

Il est grand temps que d'autres personnes que les directement concernées se posent des questions, s'indignent et cherchent à faire bouger les lignes ! C'est tellement ancré que peu de gens le réalisent, mais dès que j'en parle autour de moi, bien sûr, ça fait écho. On ne peut pas se résigner et se dire : « Bon, c'est comme ça ! »

J'ai envie d'ouvrir des portes pour les futures générations. Je n'y arriverai pas toute seule, mais je ne suis pas isolée dans ce combat. La sororité nous permettra de toutes les ouvrir car, ensemble, nous sommes plus fortes, invincibles. Et puis, chaque petite chose que j'entreprends, à mon échelle – qui n'est pourtant pas celle d'une commission officielle d'actrices célèbres soutenue par un ministère –, est une ouverture dans laquelle d'autres femmes s'engouffrent avec moi. Petit à petit, nous parviendrons à faire bouger les choses, car nous commençons à générer une force collective. Je n'ai pas envie que nos filles se retrouvent, vers 50 ans, comme nous, à se demander : « Mais où sommes-nous ? » Il faut que cela change.

Heureusement, le monde commence à évoluer. Je me suis plutôt emballée dans cette partie sur le féminisme… Mais c'est parce que j'y crois et que j'y tiens, car je suis aussi mère d'une jeune femme de 27 ans et j'ai envie qu'elle et ses copines ne rencontrent pas les problèmes auxquels j'ai pu me heurter et que je rencontre encore aujourd'hui. Ce livre, mon activité sur les réseaux, tout ce que je fais aidera, je l'espère, à ouvrir les portes pour les futures générations et mes sœurs. La sororité nous permettra d'agir et de rejeter un système de pensée et de diktats qui sont véhiculés par une société encore trop patriarcale.

Je vais clore cette partie par une petite liste non exhaustive de ces femmes que je trouve inspirantes et dont l'histoire fera peut-être écho avec mes propos pour vous inspirer à votre tour.

Ces femmes badass qui m'inspirent

Ma mère : c'est une évidence pour moi ! C'est elle qui m'a donné la vie, qui m'a accompagnée. Même si elle est toujours restée très discrète sur son passé et que nous n'étions pas confidentes, elle demeure ma référence féminine. Lorsque je la regarde, encore aujourd'hui, je la trouve belle et, surtout, tellement courageuse.

Simone de Beauvoir, qui a participé au mouvement de libération des femmes, notamment grâce à son essai mythique, *Le Deuxième Sexe* : « On ne naît pas femme, on le devient. »

Rosa Parks, qui lutta contre la ségrégation raciale aux États-Unis : « Vous ne devez jamais avoir peur de ce que vous faites quand vous faites ce qui est juste. »

Simone Veil, qui fut déportée à Auschwitz et en est revenue pour devenir cette grande dame qui lutta, elle aussi, contre la discrimination des femmes en France. Elle est notamment à l'origine de la loi qui dépénalise le recours à l'IVG, la loi Veil.

Frida Kahlo, car cette femme a toujours été inspirante et tellement en avance sur son temps !

Sans oublier toutes ces autres femmes qui, chaque jour, agissent pour aider leurs sœurs et pour que les choses continuent à bouger !

© Ema Martins

Chapitre 6

L'amour après 50 ans et la ménopause

Avant cinquante ans, on est jeune et beau, après cinquante ans on est beau.

Jacques Higelin

Je l'ai bien dit, en plus d'être féministe, je suis une incorrigible romantique. L'amour est important, dans ma vie, et je suis bien décidée à en parler. Après tout, pourquoi ne pas parler d'amour après 50 ans ? Et nous voici au dernier chapitre, j'ai gardé le meilleur pour la fin !

La ménopause, encore taboue aujourd'hui !

Bien sûr qu'il faut parler de ménopause dans ce chapitre sur l'amour après 50 ans ! Pourquoi ? Pour être préparée au mieux lorsqu'elle nous tombe dessus.

En effet, la ménopause reste un phénomène auquel nous devons faire face sans avoir été préalablement suffisamment informées. Cela me donne d'ailleurs envie de faire un parallèle entre la puberté et la ménopause. Au moment de la puberté, le corps des adolescent·e·s se transforme, toutes ses fonctions sont exacerbées, et ça pousse dans tous les sens ! Poitrine, poils, boutons, organes génitaux, règles… C'est incontrôlé, incontrôlable, et cela peut causer des ravages chez ces jeunes ! Je vais surtout mettre l'accent sur ce bouleversement chez les jeunes filles pour faire un parallèle avec la ménopause, qui est l'autre grand chamboulement dans la vie d'une femme.

Lorsque nous sommes encore de jeunes filles, rien ne nous a préparées à voir notre corps se transformer de mois en mois et à ne plus en avoir le contrôle. En tout cas, à mon époque, on ne parlait pas de ça. Les règles arrivaient, et on ne savait pas trop comment faire. Je me souviens de la première fois où j'ai eu les miennes. C'était l'été, j'étais en vacances avec mes parents et nous devions partir faire du bateau. Et là, j'aperçois du sang qui s'écoule de mon corps ; ma mère ne m'en avait jamais parlé et, dans les années 1975/1980, nous étions encore un peu prudes, pas comme les jeunes filles d'aujourd'hui ! Je me souviens avoir beaucoup pleuré et m'être enfermée dans la salle de bain sans vouloir parler à personne et ne sachant pas quoi faire. Et puis, c'est passé, mais ces grosses serviettes périodiques que nous avions m'ont bien marquée ! Quand ma fille a eu ses règles, elle m'a appelée en pleurs et j'ai quitté mon bureau pour aller la rejoindre. Pourtant, il me semble que nous en avions parlé avant… Comme quoi, le bouleversement est si grand que même le dialogue ne suffit pas toujours à préparer nos filles. C'est pour cela que j'ai envie de faire ce parallèle entre la puberté et la ménopause : deux passages inévitables de notre vie et qui nous font subir de gros chamboulements physiques et psychologiques. Et si on pouvait en parler dans les lycées et ailleurs, cela permettrait à toutes les femmes, j'en suis sûre, d'appréhender ces passages incontournables de la vie de façon plus sereine !

Après les premières règles, les années passent, les grossesses, parfois, et le lot quotidien de la vie ! Et vers la cinquantaine, tout d'un coup et insidieusement, notre corps recommence à changer et à bouleverser notre vie ainsi que notre moral. « « Périménopause », « ménopause », des mots qui restent encore tabous dans la société et avec lesquels il faudrait pourtant faire la paix, car c'est le rythme normal de la vie.

Pour moi, la ménopause est arrivée assez doucement. J'ai été vraiment ménopausée à 54 ans, si je me souviens bien ! D'un point de vue gynécologique, je n'avais jamais eu de gros problèmes. J'ai eu quatre grossesses : un avortement à 25 ans, mon fils, mon prince, ma première petite merveille à 29 ans, puis à 32 ans, une fausse couche et, finalement, à 33 ans, ma princesse.

Vers 54 ans, donc, je commence à avoir des bouffées de chaleur, des règles irrégulières et de plus en plus rares. Je consulte bien sûr ma gynéco, et elle découvre à l'échographie que deux kystes sont apparus sur mes ovaires. Ce n'est pas un phénomène systématique à la ménopause, d'après mon médecin, et peu de traitements existent, mais ils ne sont pas forcément dangereux. Aujourd'hui, j'ai 60 ans, ils sont encore là et me tiennent compagnie, grossissent un peu, et restent sous haute surveillance.

Les kystes sont vraiment le plus petit de mes soucis. Les autres symptômes de la ménopause me semblent beaucoup plus pénibles à vivre ! Les bouffées de chaleur, c'est vraiment quelque chose qui arrive comme ça, de façon inattendue, et qui vous submerge. Je ne transpire pas beaucoup et je ne me retrouve pas en eau mais, par contre, j'ai l'impression de perdre en quelques secondes toute mon énergie. Et ça monte jusqu'au visage qui devient rouge, alors je m'efforce vraiment à bien respirer tranquillement pour la faire disparaître doucement. Pendant mon adolescence, je voyais ma mère se mettre des patchs sur le haut de la fesse pour essayer d'enrayer les choses qu'engendre la ménopause. Je n'avais aucun *a priori* sur un traitement qui m'aiderait à me sentir mieux ! J'ai pris des gélules naturelles qui ont bien atténué ces bouffées, jusqu'à les faire presque disparaître. Cependant, dès que je me sentais bien, j'arrêtais et les bouffées revenaient. Je continue donc de les prendre régulièrement, encore maintenant. Après, c'est aussi le rythme de la vie et il faut l'accepter.

Surtout, si je peux vous donner un seul conseil, c'est celui d'en parler autour de vous. Discutez-en avec votre médecin et faites-vous aider, car il y a des solutions. Naturelles ou pas, peu importe, mais elles existent !

En plus de ces désagréments-ci, j'ai perdu mon sommeil réparateur. Moi qui étais une sorte de Belle au bois dormant, eh bien, mon sommeil est devenu un enfer ! Je dors mal, je me réveille souvent dans la nuit et donc, le matin, je ne suis pas toujours au top de ma forme. Heureusement que mon travail me permet d'organiser mon temps comme j'en ai envie et que, le matin, je ne suis pas obligée de courir prendre les transports pour arriver à l'heure au bureau. Je sais que c'est une vraie chance. D'ailleurs, cela fait le lien avec ce que je disais un peu plus haut concernant notre accès au marché du travail : durant la ménopause, forcément, notre capacité de concentration est réduite, les symptômes nous perturbent, bref, ce n'est pas une situation qui facilite notre employabilité, loin de là ! Et comme c'est encore tabou, rien n'est fait pour améliorer le bien-être au travail des femmes ménopausées…

« Périménopause », « ménopause », des mots qui restent encore tabous dans la société et avec lesquels il faudrait pourtant faire la paix.

De plus, mal dormir est aussi nocif pour notre santé mentale que physique. La récupération est altérée, et tous nos organes en souffrent, notamment notre cerveau. Pour contrer tout ça, j'essaie de m'accorder une microsieste réparatrice de 15 à 20 minutes dans la journée. De nombreuses études chantent les louanges de la sieste, alors j'en profite ! Si vous le pouvez, n'hésitez pas à la mettre en pratique, vous aussi. Si vous travaillez, peut-être que vous pouvez prendre un petit quart d'heure sur votre pause déjeuner pour vous reposer, au calme. Si vous ne pouvez pas vous allonger, juste quelques minutes de respiration apaisée, yeux clos, à votre bureau, dans le calme, peuvent représenter un vrai boost d'énergie !

Après les bouffées de chaleur et le sommeil, la ménopause nous offre des kilos ! Ils s'accumulent disgracieusement, souvent au niveau de l'estomac. En moyenne, cette prise de poids représente trois à quatre kilos. Certaines femmes, au contraire, maigrissent, mais c'est beaucoup plus rare.

Déjà que le manque de sommeil s'accumule, que les bouffées de chaleur et les sautes d'humeur ne nous améliorent pas le quotidien, il est d'autant plus difficile de garder le sourire et la pêche lorsque l'on s'aperçoit, au bout de quelques mois, que l'on n'arrive plus à fermer son pantalon ou sa jupe préférée. La solution, on en a déjà parlé, est d'apprendre à accepter sa nouvelle silhouette. Essayer de rééquilibrer son alimentation et pratiquer une activité physique que vous aimez peut aussi vous aider, à la fois à limiter la prise de poids, à améliorer vos niveaux d'énergie et à pleinement habiter votre « nouveau » corps. Cependant, n'hésitez pas à aller voir un·e nutritionniste qui peut vous aider en cas de forte « Prise de poids, ou un·e psychologue si les bouleversements psychologiques sont importants et que vous ressentez le besoin d'un soutien extérieur. Il est bien normal de se demander pourquoi tant de choses surviennent en si peu de temps et pour une seule personne !

Les symptômes de la ménopause sont très nombreux et peuvent largement varier d'une personne à l'autre. Même nos cheveux vont être impactés : on les perd davantage, ils changent de texture… L'un des symptômes les plus fréquents, douloureux et tabous est l'atrophie vaginale. Il s'agit d'une perte de souplesse et d'épaisseur du vagin, accompagnées par une forte sécheresse, qui toucherait aujourd'hui presque 60 % des femmes et qui affecte beaucoup notre vie sexuelle, jusqu'à la rendre parfois inexistante. Certaines d'entre nous souffrent en silence, parce qu'elles n'osent pas en parler et pensent sûrement que c'est normal, que cela fait partie de la vieillesse et du temps qui passe et qu'il n'y a rien à faire. Encore une fois, le déni et l'absence de communication sont un véritable fléau.

Pourtant, il existe des traitements qui améliorent cette zone fragile et précieuse de notre corps. Effectivement, avoir des rapports et avoir mal, ce n'est pas normal. On demande du plaisir ! La première étape pour soulager l'atrophie vaginale est d'éviter les vêtements et sous-vêtements trop serrés et en matières synthétiques : privilégiez les fibres naturelles, lavées avec une lessive naturelle et sans adoucissant. Vous pouvez aussi vous procurer un savon surgras pour votre toilette intime, plus doux que les gels douche et savons classiques. Si, malgré tout, la gêne persiste et se voit doublée de complications (infections urinaires, par exemple), consultez votre médecin : il existe également des traitements à base d'œstrogènes, l'hormone responsable de la lubrification et de la souplesse du vagin, justement, qui pourront vous aider.

Les gels vaginaux hydratants peuvent également être d'une grande aide. Ils soulagent la sécheresse et calment les irritations, augmentent l'élasticité et la microcirculation. De plus, grande nouvelle, certains de ces gels vont booster le désir sexuel, ce qui est parfait ! On retrouve l'envie et, comme une autre solution pour atténuer l'atrophie est d'avoir des rapports sexuels puisqu'ils stimulent la circulation sanguine, la lubrification et l'élasticité du vagin, c'est un cercle vertueux !

Vous ne me croyez pas ? Il y a quelques mois, j'ai participé à une émission de télévision ayant pour sujet la ménopause. Je racontais mon expérience de femme et parlais notamment du fait que je n'avais pas encore rencontré cet inconvénient majeur de sécheresse vaginale, car je n'avais jamais arrêté de faire l'amour, ou presque. Je disais à la gynécologue également présente, avec beaucoup de sincérité, que je pensais que le corps était une vraie machine et que lorsqu'on l'entretenait bien, elle ne tombait pas en panne – si je puis m'exprimer ainsi. Et en effet, cette professionnelle m'a confirmé cela, en ajoutant que plus on faisait l'amour et que l'on restait active, et plus notre système vaginal nous remerciait et donc n'était pas sec et douloureux. Je trouve ça super étonnant, et en même temps, pas tellement !

Aujourd'hui, j'ai 60 ans, je vis encore très bien avec mes bouffées de chaleur, mon manque de sommeil, mes quelques kilos en trop et mes cheveux *silver*, car je garde le sourire et j'aime la vie. Et vraisemblablement, elle m'en remercie !

Continuons de tomber amoureuses

Que se passe-t-il autour de la cinquantaine ? Des séparations, eh oui, ça arrive souvent aussi à cet âge de notre vie.

Les hommes qui, eux aussi, sont impactés par les 50 ans ont toujours cette envie de séduire, de plaire et, très souvent, pour les causes dont on a déjà parlé, plaire à une femme plus jeune ! Et cette petite plaisanterie peut se transformer en histoire d'amour, sauf qu'un homme ne quitte pas sa femme, ou très rarement : il préfère garder les deux, c'est beaucoup plus confortable et rassurant. Alors, ce sont souvent nous, les femmes, qui, lorsque nous avons envie de voir, découvrons la trahison et choisissons de ne pas ou plus accepter cette situation, et donc de partir.

Alors, bien sûr, dans les faits, ce n'est pas toujours aussi simple. Certaines d'entre nous préfèrent fermer les yeux et accepter une situation qu'elles peuvent même tourner à leur avantage – quand on se libère de ses attentes, les possibilités sont larges ! Comme je le dis souvent : chacun·e son libre arbitre, et je ne les blâme surtout pas, je peux même les comprendre.

Cela m'est arrivé d'être trahie et je l'ai découvert grâce à ce sixième sens que nous, les femmes, possédons souvent. Je suis passée par toutes les couleurs, j'ai failli m'évanouir, j'ai hurlé, pleuré, souffert, mais je lui ai demandé de partir. J'ai pardonné une fois, il est revenu, mais quelque chose s'était cassé, donc j'ai mis un point final à cette histoire qui me rendait malheureuse, j'ai retrouvé ma liberté et repris le cours de ma vie.

En couple ou non, l'équilibre familial et social a de nombreuses raisons de se voir déstabilisé lorsqu'on atteint la cinquantaine. Les enfants qui quittent le nid familial pour voler de leurs propres ailes – sauf si, comme moi, vous avez la chance d'avoir un Tanguy qui prolonge un peu la cohabitation –, la perte d'un travail, l'évolution des cercles amicaux… Et il nous faut faire face à tout cela en même temps ! Dans ces moments de bouleversement, on se retrouve face à notre solitude. C'est parfois douloureux à gérer, car je pense sincèrement que beaucoup de femmes, en plus d'avoir besoin de sororité, ont besoin des hommes, comme les hommes ont besoin des femmes. Nos corps de femmes peuvent encore vibrer et ont besoin d'être aimés, touchés et d'exulter. Il ne faut surtout pas se résigner et se dire que c'est fini !

Jamais je ne pourrais accepter de vivre sans amour. Alors, parfois, ce sont des petites histoires passagères, mais au moins, on vit, on se fait du bien et on vibre. Vous connaissez bien sûr l'amour, le vrai, lorsque l'on se sent tiraillée entre la passion et la raison. Cela existe aussi après 50 ans, et heureusement ! Il n'y a pas d'âge pour tomber amoureuse, cela peut arriver n'importe quand, sans que l'on s'y attende. Et, à 50 ans, notre liberté de corps et d'esprit nous permet de l'envisager et de le vivre de façon encore plus intense et avec moins de craintes que durant notre jeunesse.

Tout est encore possible et il ne faut surtout pas se décourager ou penser qu'après 50 ans, nous ne pourrons plus rien vivre qui puisse nous faire vibrer. Ces petits papillons que l'on a dans le ventre quand on est amoureuse, on adore, et ils existent toujours.

J'ai vécu de merveilleuses histoires d'amour qui m'ont laissé une lumière dans le cœur, même si, parfois, elles finissent mal. J'ai eu la chance d'être intensément aimée par des hommes, et j'ai aussi aimé passionnément… à en perdre la raison, dit-on. Heureusement, j'ai toujours su me relever assez rapidement après la fin de chacune de mes histoires. C'est une force, celle des Béliers, paraît-il. Certes, je sais que c'est compliqué et que l'on passe par des stades que l'on pense ne jamais pouvoir surmonter, puis finalement, ça se calme, ça s'adoucit et la vie continue. Nous ne gardons en mémoire que le meilleur, et le négatif s'efface doucement de notre mémoire immédiate.

Il n'y a pas plus précieux en ce monde que le sentiment d'exister pour quelqu'un.

Ma vie a été une succession d'histoires, je ne suis pas la femme qui n'a eu qu'un amour depuis ses 20 ans et qui a su le garder jusqu'à la fin.

Carpe diem, surtout en amour !

Bien sûr que nous avons envie d'amour, du vrai, mais parfois, cela peut aussi commencer par une histoire d'un soir. Pensez à vous faire du bien, à faire du bien à ce corps qui a besoin d'exister et de vibrer. C'est tellement bon de faire l'amour ! Si vous n'essayez pas avec un homme qui vous plaît, cela veut dire que vous ne vous donnez aucune chance d'aimer. Je vous conseillerais d'essayer, et qui va oser vous juger parce que vous avez juste envie de prendre du plaisir ? Personne, c'est votre histoire ! Et qui sait si une aventure qui commence par le sexe ne peut pas aboutir à une histoire d'amour ? Vous savez, parfois, les corps se rencontrent et s'aiment, tout simplement, et puis, un jour, cela atteint le cœur, l'esprit et l'âme.

Cela dit, si ce n'est en fait que du sexe, ce n'est pas non plus une raison de s'en priver. Qui a dit que l'on ne pouvait pas faire l'amour avec un inconnu après 50 ans ? Si on est en phase !

Le bonheur est parfois caché dans l'inconnu.

Victor Hugo

Rencontrer l'amour

Avoir envie de faire l'amour, c'est bien, encore faut-il avoir sous la main l'homme avec lequel une confiance s'est instaurée et surtout avec qui l'on a envie de partager ces moments d'intimité. Cependant, la rencontre amoureuse n'est pas évidente de nos jours, les gens restent soit seuls, soit dans leur petit cercle d'amis qui ne s'élargit pas ou peu avec les années qui passent. Et c'était sans compter ces fameux confinements de 2020 qui ont compromis toute envie ou possibilité de rencontre.

Pour ces raisons, j'ai envie de vous parler des sites de rencontres, car si vos cercles familial et amical se sont réduits comme le mien durant ces dernières années, et que vous avez fait le tour au niveau des potentielles rencontres amoureuses, eh bien, il faut aller voir ailleurs. Les sites pullulent sur Internet, et c'est là que nous allons peut-être pouvoir rencontrer une personne qui pourrait accompagner notre chemin de vie.

En art comme en amour, l'instant suffit.

Pour mettre toutes vos chances de votre côté et attirer le ou la partenaire idéal·e, il faut donner envie. Et je ne parle pas d'attirance sexuelle, je parle de votre personnalité. Il existe aujourd'hui des sites de rencontres réservés aux plus de 50 ans pour celles qui pensent qu'elles ne peuvent pas avoir de relations avec des personnes plus jeunes. C'est un choix que je ne valide pas forcément, mais que je respecte, encore une fois. Faites comme vous le sentez ! Si vous êtes plutôt du genre à avoir envie de quelqu'un de votre génération, surtout, n'allez pas autre part que sur les sites réservés à la génération silver, vous risqueriez d'être très surprise. J'avoue que, personnellement, je ne me suis jamais interdit une histoire à cause de vingt ans d'écart… Je suis entière, je me laisse emporter et je vis à fond chaque opportunité que la vie m'offre. On traite les femmes qui sortent avec des hommes plus jeunes de « cougars », pour les dénigrer, les ridiculiser. Pourtant, le cougar est un très bel animal, qu'on appelle aussi « puma », et il est plutôt solitaire. Moi, je suis une femme, pas un animal, et j'assume ce que je fais en avançant dans la vie.

Ma dernière histoire d'amour

Mon dernier amoureux avait vingt ans de moins que moi, et alors ? Je suis une femme libre, il est un homme libre, et ce n'est pas parce que la société a décidé qu'après 40 ans, une femme ne vaut plus rien, et surtout pas face au désir des hommes, que je vais m'empêcher de vivre mon désir et ma vie.

Bref, je vous raconte cette histoire, car elle pourrait donner beaucoup d'espoir à certaines d'entre vous : elle est extrêmement romantique et tellement inattendue…

Tout commence en décembre 2018. Il était une fois Instagram, avec ces hommes qui viennent vous dire des choses plus ou moins flatteuses et intéressantes. Et puis, un jour, l'un d'entre eux vous touche. Il vous dit qu'il est tombé amoureux de vous dès que votre photo est apparue devant lui.

Il s'appelle Cassio, il est brésilien, il a alors 38 ans et, après ces messages, nous avons vécu une histoire incroyable.

Je ne parlais pas portugais, entre-temps j'ai appris, il ne parlait pas français, entre-temps il a appris, et nous avons communiqué pendant des semaines grâce à Google traduction. Merci, Google ! Peu à peu, le charme de cette rencontre a opéré, nous nous sommes découverts, nos âmes étaient connectées à travers l'Univers… Il y a toujours eu une grande histoire d'amour entre la France et le Brésil, et la nôtre aussi grandissait à travers les océans.

Nous avons fini par avoir envie de nous rencontrer, Cassio voulait venir me voir à Paris. C'est un acteur, un artiste, un rêveur, il avait eu un gros contrat et avait la possibilité de venir et de vivre cette passion qui allait devenir la nôtre.

J'ai dit non… pas à Paris et, je ne sais pas pourquoi, je lui ai proposé de nous rencontrer au Portugal. Il a traversé l'océan pour venir me rencontrer, et Porto est devenue la ville de notre Amour. Nous y avons vécu trois semaines absolument exceptionnelles, remplies d'amour, de bienveillance, de sensualité, de danse, de musique, de rires et de plein d'autres choses.

Et pourtant, ce n'était pas gagné, avec un studio de 15 m^2 pour la première rencontre. Nous nous sommes baladés dans les rues de Porto, main dans la main dès le premier instant où il est venu me chercher à l'aéroport. Tout était parfait, chaque moment, une délicatesse !

Puis, le moment de nous séparer est arrivé, après 21 jours ensemble, collés serrés. Bien sûr, notre tristesse de nous quitter était immense, mais nous savions que nous allions nous retrouver, cette fois au Brésil.

Oui, j'avais décidé d'aller vivre quelque temps avec lui à Sao Paulo ! Je l'ai retrouvé là-bas deux mois plus tard, j'y suis restée deux mois, car nous étions un peu fauchés… Je suis rentrée en juin 2019 et, depuis, nouvelle parenthèse avec ce goût d'inachevé.

Tout ça pour vous dire qu'un tel amour existe, et que cela arrive effectivement lorsque l'on s'y attend le moins…

Un jour, sûrement, nous nous retrouverons, même en tant qu'amis !

Après cette petite histoire, j'ai envie de vous présenter quelques-unes de mes petites astuces pour trouver la personne qu'il vous faut sur les sites de rencontres, une « recette » concoctée au fil du temps, car j'ai souvent fréquenté ces sites, à travers lesquels j'ai trouvé deux beaux amours : comme quoi, ça marche !

Les sites de rencontres, c'est aussi une espèce de supermarché du sexe, car on croit que tout est permis derrière un écran. L'offre est si large que, parfois, on ne sait plus quel choix faire : « Oui, il est pas mal, lui, mais peut-être qu'il y en a un autre sur le site qui est encore mieux ! » Alors oui, c'est sûr qu'il y a toujours mieux, mais avec ce genre d'idées en tête, vous risquez de passer à côté d'une belle histoire d'amour.

Accordez-vous un peu de temps chaque jour pour faire votre choix, *liker* les personnes qui vous plaisent et parler avec celles qui semblent également s'intéresser à vous. Envoyez un petit mot, soyez inventive dans votre démarche de séduction, la langue française nous le permet bien. Le « Bonsoir, comment allez-vous ? » doit être banni ! Si un homme vous plaît, il faut déclencher son envie de vous rencontrer, et vous savez comme moi l'importance d'un mot. Prenez votre temps et trouvez *le* petit truc d'introduction qui va le faire sourire ou l'intriguer.

Si cela fonctionne, s'il répond à votre message, je vous conseille de passer très rapidement à la case téléphone : on s'appelle ! Je parle en connaissance de cause. Étant une adoratrice des échanges épistolaires, j'ai dialogué derrière mon écran pendant de longs mois avec deux ou trois hommes qui m'avaient emportée avec eux dans leur littérature… Certains sont très doués. Cependant, on peut écrire tout et n'importe quoi lorsque l'on est protégé derrière un écran, et ne pas forcément être fidèle à la personne que l'on est vraiment, c'est pour ça que je vous conseille de vite proposer d'échanger vos numéros et d'appeler, de faire le premier pas, à nouveau. Nous sommes des femmes libérées et libres, non ? Mettre une voix, une expression sur une personne, tous ces détails qui n'ont pas de secret pour l'intuition féminine peut nous donner – ou pas – envie de nous rapprocher. Moi, je ne fonctionne que comme ça, au *feeling* !

Après quelques échanges téléphoniques, si cette personne vous plaît toujours et que vous avez envie de la découvrir en vrai, allez-y, proposez-lui un verre quelque part. Quand je parle de quelques échanges, cela veut également dire qu'il faut rencontrer la personne assez rapidement, après une semaine, dix jours grand maximum, car cela ne sert à rien de fantasmer sur quelqu'un qu'on n'a jamais vu. Plus vous attendez, plus vous vous faites une idée précise de la personne, et moins vous avez de chances de coller à la réalité… sans compter que cela vous laisse le temps de prendre peur et de vous dégonfler.

C'est la rencontre qui déclenchera la suite, qui vous permettra de vous retrouver à faire l'amour avec un·e inconnu·e si vous vous plaisez. Dans le cas contraire, cela vous permettra d'être fixée et de pouvoir reporter votre attention sur une autre personne.

La sexualité après 50 ans

Les femmes de 50 ans et plus sont toujours invisibles dans notre société, comme je l'écrivais plus haut, parce que l'on a décidé de nous mettre à part et de nous redécouvrir seulement après 75 ans, quand nous sommes vraiment beaucoup plus vieilles, des grands-mères accomplies. Pourtant, la femme silver a tout autant besoin d'une sexualité épanouie que n'importe quelle autre femme plus jeune ! Continuer à faire des galipettes après 50 ans, c'est la vie, on aime ça et ça peut continuer, encore et encore, comme dirait ma copine Catherine Grangeard : *Il n'y a pas d'âge pour jouir*[8].

Surtout que l'espérance de vie rallonge et que, par conséquent, il y a un décalage dans la vision de la femme par la société par rapport au siècle dernier, ou même juste à il y a quelques années. Le seuil à partir duquel on est « vieux » ou « vieille » s'éloigne de plus en plus, et il est temps que tout le monde se mette à jour !

Eh oui, nous avons envie de croquer la vie à pleines dents et d'avoir une vie sexuelle épanouissante ! Cependant, ce n'est pas toujours facile si on n'a plus de partenaire dans sa vie. Et parfois, même lorsque l'on a encore quelqu'un à nos côtés, cela n'est pas forcément synonyme de sexualité épanouie. Les raisons à cet éloignement intime peuvent être multiples, on se coupe parfois de ces choses de la vie qui nous la rendent encore plus belle.

8 Larousse, 2020.

Apprivoise-moi.

Avec un·e partenaire

Il est réellement essentiel de toujours rester connectée à soi-même et à l'autre : ainsi, on peut continuer de voir l'autre et soi-même comme un·e amant·e potentiel·le, on est à même de connaître nos désirs, nos envies, et donc de les écouter… Une fois de plus, le massage sera un outil indispensable pour tisser une relation avec le corps de l'autre. N'hésitez pas, pour raviver une flamme qui pourrait vaciller ou s'être éteinte, à vous organiser une soirée de massage à deux avec des huiles qui sentent le sable chaud, des bougies, un verre de vin… tout ce qu'il vous faut pour créer une ambiance qui vous donne envie, et qui vous mette à l'aise. Notre libido a besoin de sensualité pour être boostée.

Elle a également besoin que l'on se sente en confiance. Heureusement pour nous, je pense qu'à 50 ans et plus, une femme est beaucoup plus libre que lorsqu'elle était plus jeune et s'est détachée de certains tabous. Elle devient donc plus ouverte dans sa tête et sera forcément beaucoup plus libre avec son corps. L'expérience aidant, on sait ce que l'on aime, ce que l'on veut. On ose davantage, notamment céder à l'envie de réaliser certains fantasmes… Être plus libre et en acceptation de soi permet donc d'atteindre cette sexualité épanouie, sans tabou ou presque, et surtout sans se soucier de ce qu'en pense la société.

Lorsque je discute avec des femmes, je m'aperçois et j'entends souvent qu'elles ont peur de montrer leurs corps à un homme, car ce corps a changé et qu'il n'est plus celui de leur jeunesse. Pourtant, un corps de femme reste un corps de femme, peu importent les marques du temps qu'il subit, il est magnifique et énormément d'hommes le confirmeront. Vos partenaires ne verront pas tous ces minuscules défauts qui vous obsèdent, promis. C'est aussi pour cette raison que j'ai commencé ce livre par des chapitres prônant la réconciliation avec soi-même : cela apaisera votre esprit et, un bonus important, révolutionnera votre vie sexuelle !

Vous regarder dans le miroir toute nue, accepter ce corps qui est le vôtre vous aidera petit à petit à vous sentir mieux avec la personne que vous allez rencontrer ou celle qui accapare déjà votre vie actuelle. Les hommes se fichent des bourrelés ou de la cellulite que l'on a sur les fesses ou ailleurs. Si les corps s'entendent et les esprits se connectent, eh bien, c'est l'alchimie, ils vont se rencontrer et s'aimer, le cerveau va profiter de ce moment de jouissance. Je sais que lâcher prise peut être compliqué : peur d'être jugée, d'avoir mal, de souffrir… Mais comme dit le fameux proverbe, qui ne tente rien n'a rien, et moi, je préfère tenter l'aventure plutôt que d'avoir des regrets ! Cela, bien sûr, si j'ai un bon feeling et que l'homme me plaît.

Après 50 ans, nous savons comment fonctionne notre corps et ce qui lui plaît, nous pouvons donc guider nos partenaires vers ce qui nous plaît et ne pas avoir honte de demander. C'est pour notre plaisir, mais aussi pour celui de notre amant·e. Guider votre chéri·e, lui parler, lui demander des choses avant et pendant l'acte sexuel réveille souvent la libido, y compris la nôtre, et de nouvelles portes du plaisir peuvent s'ouvrir. Vous verrez, affirmer ses désirs est libérateur, et cela plaît énormément à l'autre, ravi·e d'avoir affaire à une femme libre, qui sait ce qu'elle veut, et qui sera donc en capacité de donner et de prendre beaucoup de plaisir.

Un autre sujet capital de notre sexualité, pour celles qui ont des aventures passagères, ce sont les préservatifs, qui vont souvent être un obstacle, voire une vraie catastrophe pour les deux sexes. Nous sommes en effet issu·e·s d'une génération de *baby-boomers* adeptes de la pilule, mais nous avons fait nos premières expériences quand on parlait encore très peu, voire pas du tout, du Sida et des infections sexuellement transmissibles. C'est désormais capital de les prendre en compte et de ne pas ignorer les risques. Aujourd'hui, nous sommes responsables et adultes, et il nous faut nous protéger, surtout lorsque l'on a une vie sexuelle active avec différents amants ou maîtresses.

Je sais que ce n'est pas toujours facile, que pour notre génération, ce n'est pas un réflexe. Moi aussi, il m'est arrivé de faire confiance à l'homme avec lequel je faisais l'amour, même si je le connaissais à peine, et d'occulter le moment où il fallait s'arrêter pour mettre le fameux *condom*. Mais par conséquent, je connais aussi la culpabilité et l'angoisse qui suivent, jusqu'aux résultats des tests.

Enfiler un préservatif, ce n'est pas inné, cela demande de la pratique ! Même après 50 ans, les hommes sont parfois maladroits avec ce *condom* qui les freine dans leur élan et nous enlèvent certaines sensations, mais je pense que nous, femmes actives et libérées, devons les aider. Je sais que certaines d'entre vous ne vont pas se reconnaître dans mes mots et pourtant… Promis, avec un peu d'expérience, la corvée peut se transformer et faire partie du « jeu » !

Et puis, pour les hommes de plus de 50 ans, ce n'est pas toujours facile non plus, car la libido est parfois en perte de vitesse. Ils ont peur de la fameuse panne et rien que d'imaginer mettre un préservatif peut les déconnecter, donc forcément impacter les rapports. Dans ces moments aussi, il est essentiel de parler, de partager certains doutes et de prendre les choses avec le sourire et non pas de façon dramatique en blâmant l'autre, surtout pas.

Réapprivoisons-nous en jouant de ces petites choses qui, au départ, peuvent causer des problèmes et qui, finalement, si on en parle, deviennent plus légères. Communiquons, n'ayons pas honte de parler de sexe et de ce qui l'entoure, c'est la clé pour des rapports harmonieux, pimentés, en confiance.

En solitaire

Nous avons toutes besoin de prendre du plaisir, c'est fini le temps où les femmes étaient des geishas et ne pensaient qu'au plaisir masculin. Nous avons un corps que nous avons envie de satisfaire, et nous sommes libres de prendre du plaisir comme bon nous semble. Alors, profitez d'être seule pour vous faire du bien et muscler votre périnée au passage, ce qui augmentera votre plaisir futur !

Je parle évidemment des sextoys. Il existe des endroits maintenant complètement zen et agréables qui ressemblent plus à une jolie parfumerie qu'à un sexshop, osez pousser leur porte. J'en ai découvert un par hasard lors d'une de mes nombreuses balades parisiennes qui s'appelle *Passage du désir* – rien que le nom est évocateur, tout en subtilité. Et lorsque l'on passe le pas de la porte, c'est bien éclairé, bien présenté, aucune vulgarité et surtout d'excellents conseils de la part des personnes qui y travaillent et qui connaissent parfaitement les produits présentés.

Vous vous souvenez sûrement de la fameuse série américaine *Sex and the City*, qui a été l'une des premières à parler des sextoys. Ces quatre femmes qui se retrouvaient régulièrement pour parler de leurs vies librement et de leur sexualité de façon ouverte, j'ai vraiment adoré. Le fameux Rabbit a commencé à se faire connaître du grand public grâce à cette série aussi, et on a enfin parlé des sextoys.

Il ne faut pas avoir honte de se faire du bien ! Cela fait partie de l'ordre naturel des choses, et si nous n'avons pas un·e chéri·e ou un·e *sex friend* dans les parages, eh bien, faisons-nous plaisir seule. Alors, osez, testez des choses, qui sait, peut-être même que cela viendra pimenter aussi votre vie à deux !

Prenons du plaisir, cela fait du bien et ça nous rend belles ! Notre visage n'est-il pas plus lumineux et nos yeux plus brillants après la jouissance ? Tous les petits vaisseaux sanguins se sont activés tandis que notre peau rosit légèrement et se repulpe. C'est une véritable cure de jouvence. En plus, il paraît que faire l'amour régulièrement rallonge l'espérance de vie, alors surtout, ne nous coupons pas de l'amour physique !

Quel type de relation est fait pour vous ?

Vous connaissez les *sex friends* ?

Un·e *sex friend*, c'est un·e partenaire avec lequel ou laquelle vous avez un rapport très particulier, puisque essentiellement basé sur une entente sexuelle. Ce qui signifie bien évidemment pas de sentiments amoureux, juste des corps-à-corps suivant vos disponibilités et vos envies, et surtout pas d'attaches – même si certaines choses peuvent changer, la vie est faite de mystères et rebondissements…

Mais pourquoi un·e *sex friend* ? Tout simplement parce que, dans notre société, il est très compliqué de retrouver l'amour après 50 ans, même avec les sites de rencontres, et il nous faut par conséquent trouver d'autres idées, nous réinventer pour pouvoir continuer à vibrer dans les bras d'un·e autre, même si ce n'est que notre *sex friend*.

Vivre en désunion libre.

Lors de la rencontre amoureuse, des choses se passent, et une suite plus ou moins logique d'événements se déroule, construisant la relation au fil du temps. En revanche, trouver votre *sex friend*, c'est une tout autre démarche intellectuelle, émotionnelle et physique, bien sûr !

Je vois déjà certaines me dire que jamais elles ne pourront faire l'amour avec un·e inconnu·e et encore moins avoir des relations sexuelles programmées et de façon irrégulière avec un homme juste parce que leur corps en a besoin et aime ça. Et pourtant !

Si cela peut vous rassurer un peu et vous livrer une autre part de moi, j'ai un *sexfriend* depuis plus de quinze ans. Eh oui, ça existe ! Comment l'ai-je rencontré ? Sans surprise, un site de rencontres sur lequel nous étions tous les deux et nous avions *matché*, comme on dit dans le jargon. Cet homme a dix ans de moins que moi – j'en parle au présent car le nombre d'années entre nous est également important à noter.

La différence d'âge n'a jamais été un problème pour moi, comme je vous l'ai dit, et je me souviens très bien encore d'une jolie phrase que ma fille m'avait dite alors qu'elle était encore toute petite : « Mais maman, l'amour n'a pas d'âge ! » C'est aussi valable pour votre *sex friend* ! Pourquoi se refuser du plaisir, tout ça parce que l'homme qui pourrait vous plaire est beaucoup plus jeune ? Ce n'est pas une histoire d'amour que vous allez vivre avec cette personne mais, disons-le clairement, une histoire de sexe et de plaisir des sens.

Lorsque j'ai rencontré F. – nous le nommerons ainsi –, j'avais un peu plus de 50 ans, j'étais seule et en manque total d'amour. Inscrite sur différents sites de rencontres, je ne trouvais pas l'homme qui pourrait allumer mon regard et me donner envie de traverser l'écran pour aller le rencontrer. Et puis, un jour, une semaine, des mois plus tard, j'ai reçu un message assez surprenant de F. qui me proposait de le rencontrer.

Je vous avoue que j'ai tout de suite été séduite par la photo et surtout par ses mots, mais je les garde pour moi, c'est très personnel. Nous avons échangé pendant quelques jours, voire plus, puis nous avons très vite eu envie de nous rencontrer car il y avait un courant qui était passé entre nous, un feeling, une envie… La vie nous mettait face à face sur un chemin semé d'embûches, alors pourquoi ne pas y aller ?

If you can dream it, it's possible.*

Nous nous sommes rencontrés très rapidement et de façon assez spéciale. Je suis allée chez lui alors que je ne le connaissais pas, et je n'ai pas eu peur. Je ne sais pas si mon sixième sens était en pleine ébullition mais, en tout cas, je me suis fait confiance, je nous ai fait confiance et j'ai eu raison.

Notre première étreinte fut quelque chose d'assez fort et, déjà, nos corps commençaient à s'aimer, je ne dis pas nos cœurs ou nos esprits, mais en tout cas nous étions connectés physiquement. Alors, forcément, quand ce genre de choses arrive, on a envie de recommencer, encore et encore. Cependant, nous ne sommes jamais tombés réellement amoureux, c'était plus une amitié amoureuse teintée de sexe et de plaisir.

Ensuite, il a rencontré d'autres femmes dont il a pu tomber amoureux, mais il

* Si vous pouvez le rêver, c'est possible.

avait toujours envie de nos ébats et moi aussi. À ce sujet, certaines vont me montrer du doigt en me traitant de « briseuse de ménage », vous savez, la femme, la maîtresse dont l'époux infidèle essaie de cacher l'existence à sa femme, sauf que dans mon cas, lorsque nous nous sommes rencontrés, il venait de se séparer et, moi, j'étais seule. Personnellement, je n'étais pas gênée par cette situation parce que je me disais, en toute bonne conscience, que nous nous étions rencontrés avant ses histoires d'amour. Et puis, nous sommes deux adultes consentants.

De mon côté, cependant, à chaque fois que je suis retombée amoureuse d'un autre homme, je ne voyais plus F. Un Amoureux avec un grand A me suffisait, je n'avais pas besoin d'autre chose. Et à chaque fois que mes histoires se terminaient, cela repartait avec F., encore et encore. Nous nous retrouvions, nous faisions l'amour et nous nous quittions pour mieux nous retrouver un jour… J'allais très souvent chez lui, et j'en repartais quelques heures après sans jamais avoir envie de dormir avec lui ou presque. C'était une espèce d'accord tacite entre nous, et je pense qu'il n'y a jamais eu de malentendu. Nous étions sur la même longueur d'onde.

Nous n'étions pas pour autant indifférents à la personnalité de l'autre : nous discutions de nos vies, et je crois qu'il connaissait finalement plus de choses sur moi que certain·e·s proches. C'est étrange comme histoire, que je ne qualifierais pas d'histoire d'amour, bien qu'il y ait un certain attachement entre nous, mais plus de l'ordre du physique. Il m'a avoué avoir connu avec moi des choses qu'il n'avait jamais vécues avec d'autres femmes, du fait de notre liberté de penser et d'être. Il m'a parfois dit « je t'aime » pendant que nous faisions l'amour, mais c'était dans l'action uniquement, vous savez, ces mots qu'on ne dit parfois que pendant l'étreinte et qui sortent sans que nous en ayons conscience.

Cet homme a eu une certaine importance dans ma vie, car il m'a permis de rester femme durant les longs mois pendant lesquels je me trouvais seule, sans amoureux. Il m'a permis de rester toujours connectée avec mon corps et de le sentir vibrer sous d'autres mains, celles d'un homme que je connaissais de mieux en mieux.

Je pense également, même si cela peut sembler bizarre, que F. a été et restera l'un de mes meilleurs amants. Comme je vous l'ai dit, nos corps se sont aimés à la première étreinte et se sont comme reconnus. Nous n'avions pas besoin de parler pour nous comprendre.

J'ai souvent eu envie d'arrêter de le voir car je me disais que cela ne servait à rien et que, peut-être, cela me bloquait pour d'autres rencontres. Et puis, j'avais envie de nouveau, et l'on se revoyait.

Au moment où je vous écris, cela fait plus d'un an que nous nous sommes éloignés, à cause du contexte sanitaire et du fait qu'il est devenu père. Cela m'a posé un vrai questionnement, je ne sais pas pourquoi, je n'y trouvais plus de sens. Je n'avais plus envie. Je ne pourrais prétendre que l'idée de partager de nouveau ces moments intenses avec lui ne me titille pas. Vous le savez, je ne ferme la porte sur rien, ce serait dommage à 60 ans !

Je vous ai livré une partie de moi avec mon *sex friend* pour vous démontrer que cela existe, et surtout pour vous affirmer que, tant que vous êtes en accord avec vous-même dans ce que vous faites, il n'y a pas de mal à se faire du bien.

Croire en ses intuitions pour faire un choix.

Vous avez envie, vous avez besoin de sentir votre corps contre celui d'un homme ou d'une femme, eh bien, surtout, n'écoutez pas les moralisateurs ou des copines qui diront que vous êtes complètement folle. Faites les choses pour vous, et non pas pour les autres.

Gardez même ce petit secret, n'en parlez pas, c'est votre histoire, votre choix, votre vie, votre corps !

Si je peux réellement vous donner un conseil, de femme à femme, ne laissez pas votre corps, ne l'abandonnez pas, restez toujours femme et faites-vous plaisir. La cinquantaine et au-delà, c'est aussi le moment d'expérimenter encore de nouvelles choses de la vie, si vous ne l'avez pas fait jusqu'à maintenant, il n'est jamais trop tard.

Il n'y a pas de règle et pas de tabou. Cessez de penser à ce que diront les autres pour mieux avancer et vous sentir encore plus libre et femme ! En plus de tout, il paraît que les gens qui font l'amour régulièrement, c'est-à-dire deux ou trois fois par semaine, auraient une durée de vie rallongée, et qu'une femme qui vient de faire l'amour est encore plus attirante ! C'est peut-être en sortant des bras de votre nouveau ou nouvelle *sex friend* que vous tomberez sur votre prochain grand amour ! N'est-ce pas merveilleux ?

Alors, partez à la recherche de votre futur·e *sex friend*. Bien évidemment, et je pense que vous l'avez bien compris, il faut qu'il ou elle soit un·e excellent·e amant·e et que vos corps se reconnaissent, sinon aucun intérêt de faire l'amour avec une personne qui ne sera jamais votre chéri·e et avec qui en plus cela ne se passe pas bien. Pour moi, cela doit être une évidence dès la première fois, sinon *next* !

Après, ne vous méprenez pas, je ne vous ai pas amenée sur ce sujet pour vous inciter à changer de *sex friend* toutes les semaines. Non, faites quelques essais pour trouver celui ou celle qui vous donnera du plaisir, sur le long terme, en attendant l'amour.

Surtout, c'est important, protégez-vous, car même après 50 ans, on peut transmettre ou récupérer des infections. Cela doit être entendu dès le départ pour éviter de jouer avec le feu. Ce n'est pas parce qu'il ou elle a une bonne tête que vous devez lui faire confiance aveuglément, surtout dans ce cas de figure. C'est une question de respect de soi et de l'autre, et c'est essentiel dans ce genre de relations aussi.

Mariage après 50 ans, pourquoi pas ?

Avez-vous remarqué qu'il y avait de plus en plus de mariages ou de remariages tardifs ? Je me demande souvent pourquoi on aurait envie de s'unir encore une fois dans notre deuxième partie de vie, alors que l'on est libre et heureuse. Est-il indispensable de passer devant le ou la maire pour vivre plus heureux à deux après 50 ans ? J'ai toujours pensé que si un homme me demandait de l'épouser en secondes noces, j'accepterais, mais pourquoi ?

Et puis un jour, on rencontre la personne.

Non pas que cela me rassure, seulement parce que si je devais me marier une deuxième fois, je le ferais de façon complètement différente et sûrement pas de façon aussi officielle, mais en toute conscience et pour me faire plaisir. Eh oui, j'ai déjà une idée de mon prochain mariage, je vous avoue que je n'ai pas encore trouvé, au moment où j'écris ce livre, mon futur mari, mais avec la pensée positive que j'ai depuis deux ou trois ans maintenant, cela devrait bientôt arriver !

Pratiquer la pensée positive et nous dire des mots doux permet d'optimiser notre potentiel, d'obtenir ce dont nous avons envie. Il faut tenter de bannir toutes les pensées toxiques envers nous-mêmes et ne garder que ce qui va nous faire du bien et nous permettre de continuer à nous épanouir dans notre vie – et réussir ce deuxième mariage, si tel est votre désir. Vous savez, je vous ai parlé de mon rituel matinal, ce n'est pas par hasard, car commencer la journée avec un sourire ou une pensée positive pour soi-même nous amène forcément d'autres petites choses agréables. J'ai confiance en l'Univers, je sens de bonnes ondes, c'est ce qui me porte depuis presque trois ans. Trouvez-vous aussi des petites phrases qui vous motivent positivement !

Mais revenons au mariage ! Là aussi, si vous avez envie de vous marier ou de vous remarier avec l'homme ou la femme de votre vie, mettez-y de l'amour, bien sûr, mais un peu de poésie aussi. Si vous avez confiance en la vie et que vous vous sentez bien avec vous-même après un travail sur vous, tout ira bien.

Moi, je rêve de me remarier sur une plage, les pieds nus dans le sable, directement connectée à la Terre. Je veux sentir mes pieds ancrés dans le sol et ma tête dans les nuages. Je veux serrer la main de mon homme et sentir de la bienveillance, de l'amour, mais aussi une envie de partage commune. Je veux me dire, à ce moment précis : « Je me sens bien avec moi-même. J'ai de la chance. Je m'aime et il m'aime comme je suis. Je l'aime aussi tel qu'il est. J'ai confiance dans l'avenir et nous avons la vie devant nous ! »

*Commencer la journée
avec un sourire ou
une pensée positive pour
soi-même nous amène
forcément d'autres petites
choses agréables.
J'ai confiance en
l'Univers, je sens de
bonnes ondes, c'est ce qui
me porte depuis presque
trois ans. Trouvez-
vous aussi des petites
phrases qui vous motivent
positivement !*

Conclusion

**Votre vie
est entre vos mains,
maintenant, alors
prenez l'instant présent
avec amour et gratitude
et aimez-vous, c'est
la plus belle chose qui
puisse vous arriver !**

Voilà, j'arrive au terme de l'écriture de ce livre, qui a été aussi une sorte de thérapie par les mots et un nouveau challenge. À travers cet ouvrage, j'ai eu envie de vous livrer un peu de moi, afin que vous puissiez vous reconnecter à vous-même. J'espère sincèrement vous y avoir aidée.

J'ai écrit ce livre seule, même si le propos a été retravaillé avec mon éditrice, Katia, que je remercie aussi de m'avoir proposé cette aventure et fait confiance dès le départ.

Il est sans aucune prétention, et surtout écrit avec beaucoup d'amour et de sincérité. Je ne suis pas écrivaine, comme vous avez pu le remarquer, même si j'ai toujours beaucoup aimé écrire, et ce livre reflète une part de ma personnalité.

J'ai essayé d'aborder tous les sujets auxquels je pouvais penser en parlant des femmes de plus de 50 ans, belle génération silver que nous sommes. J'espère ne pas vous avoir choquée avec mes mots, mais simplement vous avoir donné envie de le garder précieusement comme un livre de chevet au cas où, parfois, vous vous oubliez.

Il s'agit de petites choses simples mais indispensables pour mieux vivre notre vie au quotidien.

Il n'est pas facile d'être une femme de plus de 50 ans dans les années 2020, nous subissons une invisibilité qui ne devrait même pas exister ! Tout ce que je fais actuellement et tout ce que je ferai dans le futur fait partie de la mission que je me suis donnée de casser ces diktats et les cases dans lesquelles on veut nous mettre afin de ne pas nous voir. Il faut que la société accepte enfin que l'être humain vieillit et qu'il faut en prendre soin, de sa naissance jusqu'à la fin de sa vie. Refuser de nous voir ne rend pas les choses faciles.

Il faut que nous, les femmes, nous nous serrions les coudes pour avancer et, une fois de plus, la sororité sera la base de notre visibilité et d'une ouverture de la société en notre faveur. Je sais que certaines d'entre vous ne vont pas se sentir concernées par cette invisibilité dans la société, car je rencontre beaucoup de femmes qui me le disent. Je leur réponds bravo si elles arrivent à faire abstraction de ceci ! Moi, je n'y arrive pas et, surtout, je ne trouve pas cela normal en 2020 ! Les jeunes générations méritent que l'on mène ce combat pour elles, et je voudrais que, d'ici quelques années, les futures silver ne rencontrent plus ce problème.

J'imagine aussi que certaines d'entre vous vont estimer que ce livre n'a pas de crédibilité, en pensant : « Mais qui est-elle pour écrire un livre et nous donner des conseils ? » Peu importe, on est venu me chercher, je pensais qu'il était temps aussi d'exprimer ce que je ressens, et je sais que mes mots vont en toucher certaines. C'est ce qui m'intéresse et ce qui me fait avancer.

L'art d'aimer repose sur l'amour de soi !

Alors, aimez-vous !

Et osez car, oser, c'est la vie !

With love,
Caroline Ida

*Il faut que nous,
les femmes, nous nous
serrions les coudes pour
avancer et, une fois
de plus, la sororité sera
la base de notre visibilité
et d'une ouverture
de la société
en notre faveur.*

Remerciements

Gratitude !

Je remercie mon éditrice et la responsable des Éditions Kiwi, Katia Kaloun, de m'avoir contactée et fait confiance dès le départ.

Merci également à Édouard Frison-Roche, le directeur des Éditions Kiwi, qui a su voir en moi une autre image de la femme de plus de 50 ans.

Je dédie ce livre aux personnes qui m'entourent et font partie de ma vie : mes parents, mes deux merveilleux enfants, mes deux sœurs, ma cousine, mes deux amies de cœur Christine et Nathalie qui sont toujours là.

J'ai une douce pensée pour les hommes qui vont lire ce livre et comprendre un certain nombre de choses au sujet des femmes, peut-être...

Ma gratitude va également à toutes les personnes que je rencontre et qui m'envoient chaque jour sur mes réseaux sociaux des messages d'amour qui me remplissent le cœur et l'esprit !

Dans la vie, il n'y a pas de hasard, il n'y a que de belles rencontres...

Inspiré par Paul Éluard

Dépôt légal : avril 2021
Achevé d'imprimer en mars 2021 par Typolibris.